ENDE UND ANFANG

ENDE UND ANFANG

Text Hellmut Andics
Bilder Ernst Haas

Eine Gemeinschaftsproduktion der Verlage
Econ und Paul Zsolnay

Umschlag und Einband: Werner Sramek
Gesamtherstellung: Welsermühl, Wels / Printed in Austria
ISBN 3-552-02706-8

Damals war der Fotograf Ernst Haas in Wien.

Damals, das war 1945.

Haas fotografierte das Ende einer Welt, und den Anfang nach dem Weltuntergang.

Später sah die Dichterin Ingeborg Bachmann seine Fotos. Sie wollte beschreiben, wie es ist, das Grauen zurückzulassen. Ich weiß, was sie gesagt hatte, als die Bilder ihre Erinnerung wachriefen. »Trotz allem«, hatte sie gesagt, »war es die schönste Zeit meines Lebens. Wir hatten das Gefühl, daß wir alles neu anfangen konnten.«

Ingeborg Bachmann starb, ehe sie das Manuskript vollenden konnte.

Ob ihre Hoffnungen von damals enttäuscht wurden, weiß ich nicht, denn ich habe die Fragmente nicht gelesen. Ich ging meiner eigenen Erinnerung nach.

Am Morgen seines dreißigsten Geburtstags fand Robert Pfannstiel jun. sein Leben noch einigermaßen in Ordnung.

Die Welt dagegen fand er beschissen.

Das Wohlbefinden kam von einem ausgiebigen Frühstück und der Aussicht auf einen Tag ohne größere Schwierigkeiten. Robert Pfannstiel jun. hatte keine nennenswerten persönlichen Sorgen. Das Unbehagen über die Welt außerhalb der kleinen Wohnung, in der er zum Kaffee drei weiche Eier und zwei Mohnstriezel mit Butter und Streichwurst verzehrte, stammte aus der Zeitung. Er las sie jeden Morgen während des Frühstücks. Die Zeitung und das frische Gebäck fand er jeden Morgen vor der Wohnungstür, und der Gedanke, daß dort einmal nichts liegen könnte, war ihm noch nie gekommen. Er kümmerte sich nicht darum, wer das frische Gebäck brachte, er legte nur Freitag abends das Geld unter die Türmatte.

Das tägliche Unbehagen, ins Haus geliefert durch die Zeitung, wurde durch das Radio ergänzt. Die Nachrichten kamen zur zweiten Tasse Kaffee zurecht. Im Alphabet des täglichen Grauens war diesmal der Buchstabe V an der Reihe.

Vernichtung (= Vietnam).

Sein dreißigster Geburtstag schien ihm ein Tag zu sein wie jeder andere. Robert Pfannstiel jun. hatte am 8. Mai Geburtstag.

Einige Fenster des Kreißsaals waren noch mit Holz und Pappendeckel vernagelt. Mangels Glas. Im Morgengrauen, als Robert Pfannstiel jun. geboren wurde, fiel die Stromversorgung aus. Glücklicherweise verlief die Entbindung ohne Komplikationen. Zum Frühstück gab es Ersatzkaffee mit Milchpulver, denn die Anlieferung von Frischmilch für die Spitäler stockte. Frischgebäck gab es nicht, aber die Mutter hatte aus Bohnenmehl, Puddingpulver und Saccharin einen Kuchen gebacken. Wo der Vater ihres Kindes war, wußte Gerda Pfannstiel nicht. Als die Schwester ihr den Säugling zeigte, fand sie das Leben beschissen, obwohl die Welt rundum einigermaßen hoffnungsvoll aussah. Es gab Zeitungen. Sie jubilierten. Der 8. Mai war der letzte Tag des Krieges in Europa. Eine Minute nach Mitternacht trat die bedingungslose Kapitulation der deutschen Wehrmacht in Kraft.

 Geburtsjahrgang 1945.

(Todesopfer des Krieges im Großdeutschen Reich von 1939 bis 1945: Viereinhalb Millionen, davon 400.000 in Österreich. Gesamtverluste aller kriegführenden Staaten der Erde: 55 Millionen Menschen.)

Anfang August 1944 hatten die Männer überall auf der Erde Nachkommenschaft gezeugt, wie an anderen Tagen und in anderen Nächten. Die Frauen wurden schwanger, ohne Rücksicht auf ein Datum. Niemand sah in die Zukunft, und so kamen auch am 8. Mai 1945 Kinder zur Welt.

»Ein Friedenskind«, sagte der Doktor zu Gerda Pfannstiel.

An seinem dreißigsten Geburtstag, auf dem Weg ins Büro, fuhr Robert Pfannstiel jun. noch bei Gelb in eine Kreuzung. Ein junger Polizist pfiff ihn an den Straßenrand, studierte den Führerschein, dann lachte er. »Fahren Sie weiter, wenn heute schon Ihr Geburtstag ist.«

»Ja«, sagte Robert Pfannstiel jun. »Ich bin ein Friedenskind.«

Der Polizist sah ihm verständnislos nach. Er verband mit dem 8. Mai 1945 keine Erinnerung.

Den Vornamen Robert hatte das Friedenskind von seinem Vater. Als der Gefreite Robert Pfannstiel nach Abschluß des Polenfeldzuges Ende Oktober 1939 Heimaturlaub bekam, waren die Vornamen Adolf und Hermann in Mode. Zu des späteren Robert Pfannstiel jun. Glück wurde Gerda Pfannstiel damals nicht schwanger, so daß sein Vorname dann keine Rückschlüsse zuließ. Auch die weiteren Urlaube, als die Namen Adolf und Hermann nicht mehr ganz so gefragt waren, blieben ohne Folge. Zum letzten Mal kam der Oberleutnant Robert Pfannstiel außerplanmäßig nach Hause. Er war als Kurier unterwegs. Ein Bahnhofskommandant, Major, konnte Pfannstiel sen. am Abend dieses 11. August 1944 keine Transportgelegenheit zu seinem Bestimmungsort verschaffen. Deshalb gab er ihm einen Urlaubsschein bis zum nächsten Morgen und eine Telefonnummer. Unter der Nummer meldete sich ein Feldwebel, der Pfannstiel sen. noch am selben Abend die siebzig Kilometer bis nach Hause mitnahm. Rückfahrt am nächsten Morgen, um sechs.

Oberleutnant Robert Pfannstiel schenkte dem Feldwebel vier Päckchen italienische Zigaretten.

Pfannstiel sen. verbrachte die ersten zwei Stunden daheim im Bett, den Rest der Nacht im Luftschutzkeller. Die Entwarnung erfolgte gegen fünf. So erreichte er noch den Feldwebel und dessen Lastwagen.

Als Oberleutnant Pfannstiel sich am nächsten Morgen pünktlich zurückmeldete, fielen eben die ersten Bomben eines weiteren Großangriffs.

Pfannstiel jun. vermochte sich später nur eine unvollkommene Vorstellung von Bombenangriffen zu machen. Der ältere Junge von nebenan, Günther, hatte ihm erzählt, wie es gewesen war.

Damals.

Damals war er neun Jahre alt, der Junge von nebenan. Er stand beim Fenster und wartete. Auf dem Dach des Nachbarhauses befand sich eine Luftschutzsirene. War nachts Fliegeralarm, begann die Schule am nächsten Vormittag erst um elf. War bis zehn Uhr noch einmal Alarm, fiel der Unterricht überhaupt aus. Der Junge stand am Fenster, starrte auf die Sirene und wünschte sich, sie möge heulen.

Zu Pfannstiel jun. sagte er einmal: »Der liebe Gott hat mich oft gehört. Sonst ist er meistens taub.«

Fliegeralarm.

Keine Schule.

Über das Schicksal des Oberleutnants Robert Pfannstiel erfuhr Gerda Pfannstiel lediglich, daß ihr Mann von der Kurierfahrt nicht mehr zu seiner Einheit zurückgekehrt sei. Vermißt.

Damals wußte sie schon, daß sie schwanger war. Als das Kind am 8. Mai 1945 zur Welt kam, nannte Gerda Pfannstiel es Robert.

Name des Vaters.

Erinnerung, nicht Hoffnung.

Wenn Robert jun. später in der Schule sein Geburtsdatum angab, horchten die Lehrer auf: »Das war der Tag, an dem der Krieg zu Ende ging.« Es klang fröhlich, wie eine Gratulation zu diesem besonderen Geburtstag. Einmal sagte einer: »Das war doch der Tag der bedingungslosen Kapitulation.« Es klang nicht fröhlich, sondern verdrossen. Der Lehrer war Oberstleutnant gewesen, Stadtkommandant in der Champagne. Ein Herrgott in Frankreich. Jetzt war alles anders: Die Schüler standen nicht stramm, die Erwachsenen zitterten nicht.

Mit der Zeit wurden die Bemerkungen über das Geburtsdatum des Robert Pfannstiel jun. seltener. Schließlich blieben sie aus. Gelegentlich brachte Robert Pfannstiel jun. noch selbst bisweilen die Rede darauf, daß er ein Friedenskind war. Dann gab er es auf.

Fragte ja auch keiner mehr, ob einer ein Kriegskind war.

(Erst heute – vielleicht weil es sein dreißigster Geburtstag war? – hatte er wieder einmal zu dem Polizisten gesagt: »Ich bin ein Friedenskind.«)

Als Robert Pfannstiel jun. maturierte, 1963, kam eben aus Amerika der Schlachtruf: Traue keinem über dreißig! Die damals über dreißig waren, hatten den Krieg gemacht. Oder mitgemacht. Ihre erhobenen Zeigefinger, ihre Erfahrungen, ihre Erzählungen von »damals« kotzten die Friedenskinder an.

Auch sein Vater, der ehemalige Oberleutnant Robert Pfannstiel, pflegte den Zeigefinger zu heben, denn der Schütze Pfannstiel war vor Beginn des Polenfeldzugs einmal von seinem Regimentskommandeur gestellt worden.

»Wie heiße ich?«

»Manstein, Herr Oberst.«

Der Kommandeur betrachtete ihn angewidert.

»Ich werde dir sagen, du Idiot, wie die richtige Antwort lauten muß: Herr Oberst heißen Herr Oberst Freiherr von Manstein, Herr Oberst. Wiederholen!«

Pfannstiel wiederholte. So viele sagten damals vieles nach.

Als Oberleutnant Robert Pfannstiel endlich heimkehrte, mußte niemand mehr nachsagen, was vorgesagt wurde.

Als Robert Pfannstiel jun. maturierte, trug der Oberst, zuletzt Generalfeldmarschall, stets Zivil, wenn er an der Beerdigung ehemaliger Kameraden teilnahm. Das EK trug man damals verkehrt, damit man das Hakenkreuz nicht sah (Leute, die jetzt Ritterkreuze erzeugten, machten gute Geschäfte mit amerikanischen Touristen).

Am 8. Mai 1945,

als der Generalfeldmarschall Freiherr von Manstein sein Ritterkreuz noch mit dem Hakenkreuz nach vorne trug,

Zehntausende Soldaten schon Hoheitszeichen, Kragenspiegel und Schulterstücke von den Uniformen trennten, dieselben jedoch anbehielten, weil es ihre einzigen Kleidungsstücke waren,

der vermißte Oberleutnant Robert Pfannstiel für tot gehalten wurde,

Gerda Pfannstiels Mutter für ihre Tochter einen Mantel aus einer Wehrmachtsdecke nähte,

in Los Alamos, vierzig Kilometer nordwestlich von Santa Fé im US-Bundesstaat New Mexico, die erste Atombombe ihrer Fertigstellung entgegenging, die Entwicklungskosten dieser Atombombe die Zwei-Milliarden-Dollar-Grenze überschritten hatten,

ein Kilogramm Zucker im Schleichhandel hundertzwanzig Reichsmark kostete, das Hundertfache des offiziellen Preises in den Lebensmittelläden, in denen es keinen Zucker gab,

an diesem 8. Mai 1945 bestrich aus ungeklärten Gründen ein verspäteter russischer Tiefflieger die Umgebung des Krankenhauses, in dem knapp zuvor Robert Pfannstiel jun. geboren worden war, mit einigen Salven aus seinem Bord-MG; es gab keine Toten.

Eine Woche später wurden Gerda Pfannstiel und das sieben Tage alte Kind entlassen. Die Mutter brachte den neuen, aus der alten Wehrmachtsdecke genähten Mantel mit. Den Säugling wickelten die Frauen in einen Wollschal. Ein Stück des Heimwegs fuhren sie mit der Straßenbahn, die auf einigen Linien schon wieder verkehrte.

Die Kommandantur der Besatzungsmacht war im ehemaligen Gebäude des Stadtschulrats untergebracht. Es gab ein Büro mit der Tafel »Bitten um Stromzuteilung«.

Bitten, nicht Anträge.

Es war Mittag, und um diese Zeit, wenn die Leute versuchten, elektrische Kochplatten in Betrieb zu setzen, trotz Verbot, fiel meist der Strom aus. Das nannte man: Der Bundeslastverteiler ist zusammengebrochen. Also gingen Gerda Pfannstiel und ihre Mutter mit dem Kind die letzten zwei Kilometer zu Fuß.

Auf der Kreuzung, an der Robert Pfannstiel jun. dreißig Jahre später von einem Polizisten angehalten werden sollte, stand ein Mädchen in Uniform. Es trug eine Armbinde und regelte mit zwei Fahnen den Verkehr. Der bestand aus Transportern der Besatzungsmacht. Umfunktionierten Fahrzeugen der Wehrmacht mit zivilen Nummerntafeln. Bewilligungen erteilten die einheimischen Behörden. Die Treibstoffbeschaffung war jedermanns eigene Sache. Vor Requirierung schützte die Bewilligung nicht. Wer die Macht hatte, mußte nicht fahren können, und so endete die Requirierung an einem Laternenpfahl oder an einer Mauer. Oder, sobald der Tank leer war. Wer Benzin hatte, konnte nun seinerseits requirieren. Fahrräder benötigten keine Bewilligung (Requirierung: Siehe oben!).

Armbanduhren. Ohne ihre Erwähnung wäre das Image einer Zeit unvollständig, die den Begriff Image noch nicht kannte.

In einer Zeitung stand: »Heute und täglich: Die Räuber.« Nicht von Schiller. An der damals gebräuchlichen Personenbeschreibung der Täter stieß sich die Zensur der Besatzer:

»Unbekannte in uniformähnlichen Kleidungsstücken, die einen slawisch klingenden Dialekt sprachen.«

Sieger.

»Das Römische Recht gilt nicht mehr«, hieß ein Band mit sieben Erzählungen des französischen Schriftstellers Louis Aragon aus den Jahren, in denen noch die anderen die Sieger waren.

Die Kriegsverluste der Sowjetunion von 1941 bis 1945 betrugen zehn Prozent der Bevölkerung. 13 Millionen gefallen, an Verwundungen oder in Kriegsgefangenschaft gestorben (die Ziffer enthält nur Uniformierte).

Als Gerda Pfannstiel mit ihrer Mutter und dem Kind schon in der Nähe des Wohnhauses war, klapperten die Hufe eines Akkergauls über das Straßenpflaster. Ein Soldat ritt spazieren.

Aus einem Haustor kam eine Frau gestürzt.

»Hilfe«, schrie sie. Sie sah den Soldaten auf dem Pferd. Sie hielt ihn für einen Offizier. »Bitte helfen«, schrie sie. »Sie plündern.«

»Gut«, schrie der Soldat zurück, lachte und ritt weiter.

(Zu den 13 Millionen toten Rotarmisten sind noch sieben Millionen getötete sowjetische Zivilisten hinzuzuzählen.)

Das letzte der Artilleriepferde, die bei den letzten Kampfhandlungen in den Straßen der Stadt verendet waren, hatte längst seine letzte Pflicht als Suppenfleisch erfüllt. Kein Amtstierarzt hatte eine Fleischbeschau des Kadavers vorgenommen. Die Besatzungsmacht verteilte mehrere Waggonladungen Erbsen und Bohnen als Spende zum 1. Mai (Bohnentorte: Siehe oben).

In einem Keller der Innenstadt hatte sich das erste Kabarett aufgetan. Der Spaßmacher hatte sein Thema: »Früher war mein Bauch ein Backhendlfriedhof, jetzt ist er ein Erbsenmagazin.«

An der Haustür hing ein handgemaltes Schild: »Nur Zivil«.

Auf einem Stück Pappendeckel klebte ein gedruckter Zettel: »Dieses Haus wurde bereits nach Waffen durchsucht«. Irgendwer hatte den Zettel mit einem Stempel versehen. Stempel waren sehr gefragt und wurden teuer bezahlt.

Stempel (= Überleben).

An der Haustüre übernahm Gerda Pfannstiel den Säugling von ihrer Mutter. Sie wollte ihn selbst hineintragen.

Auf dem Flohmarkt tauchen heute noch selbstgefertigte Schilder und handgedruckte Zettel mit Stempeln auf. Der Preis liegt tief unter dem von neugefertigten Ritterkreuzen.

Robert Pfannstiel, sieben Tage alt, war zu Hause.

Vor dem Haus, in dem die Pfannstiels wohnten, fegte der Jude Koch mit einem Zimmerbesen den Gehsteig. Ernst Koch, ehemals Bankprokurist, dem KZ entgangen, weil mit einer Arierin verheiratet und überdies Offizier und Träger einer Tapferkeitsmedaille des Ersten Weltkriegs. Mit einem Sohn, Paul, gesegnet. Die Arierin Frau Koch arbeitete seit einigen Tagen beim Vorkommando der UNRRA. Koch jun., vierundzwanzig Jahre alt, im Polenfeldzug noch Soldat und verwundet, dann durch Führererlaß wehrunwürdig, war zuletzt dienstverpflichtet bei der OT.

Arier.

Wehrunwürdig.

Dienstverpflichtung.

KZ (= Konzentrationslager).

OT (= Organisation Todt, entstanden aus dem Reichsarbeitsdienst).

UNRRA (= The United Nations Relief and Rehabilitation Administration).

Als die Jungen zwei Jahrzehnte später beschlossen, keinem über dreißig zu trauen, fehlte ein Wörterbuch für die Begriffe und Abkürzungen, mit denen die über dreißig sich denen unter dreißig verständlich machen konnten.

Stichwort »wehrunwürdig« (allerdings erst ab 1941, durch Führererlaß 19): »Jude oder Judenstämmling, Mischling ersten Grades im Sinne der Nürnberger Rassengesetze von 1935 (auch auf Zigeuner angewendet).«

Dienstverpflichteter zur OT: »Schütze Arsch ohne Waffe, vorwiegend beim Bau von Befestigungsanlagen oder in der Rüstungsindustrie eingesetzt.«

Der wehrunwürdige Erdarbeiter Paul Koch war eben damit beschäftigt, einen Küchenherd aus Schwarzblech vom Keller in den Hausflur zu transportieren, als Gerda Pfannstiel ihr Kind heimbrachte. Koch hatte den Herd an einen Fleischer, vier

Quergassen weiter, verkauft. Der Fleischer wollte den Herd mit einem Handwagen abholen. Der Fleischer kam mit mehrstündiger Verspätung. Er hatte den Handwagen einer Familie geliehen, die in seinem Haus wohnte. Sie benötigte ihn zum Abtransport eines Sarges. Den Sarg selbst hatten die Verwandten des Toten beschafft, doch die Leichenbestattung konnte ihn erst auf dem Friedhof übernehmen. Deshalb brauchten die Hinterbliebenen den Handwagen für die Anlieferung.

Paul Koch sollte für den Herd ein Kilogramm Rindfleisch, ein halbes Kilogramm Schmalz und eine Stange Wurst bekommen.

Koch sen. fegte verbissen vor dem Haustor. An seinem zerschlissenen Rock haftete immer noch der gelbe Stern. Früher, wenn er auf die Straße gegangen war, hatte er stets eine Aktentasche mitgenommen. Er trug sie an die Brust gepreßt, um den Stern zu verdecken. Die Leute in der Umgebung kannten ihn trotzdem. Sie nannten ihn Jud Koch.

Jetzt war er der Jude Koch. Zeitenwende in einem Buchstaben.

Die Hausbewohner sahen Koch gerne vor dem Tor stehen. Der gelbe Stern versprach mehr Sicherheit als das handgefertigte Schild (»Nur Zivil«: Siehe oben!).

Von den Schutthalden der Bombenruinen wehte Ziegelstaub über die ganze Stadt.

(Kriegsschäden an Gebäuden und technischen Einrichtungen auf dem Gebiet der Republik Österreich: Vier Milliarden Schilling, Geldwert 1945. Mehr als die Hälfte der Schäden entstand an Wohnhäusern. Geldwert 1975: 200 Milliarden Schilling.)

Ernst Koch war, seit die Bombenangriffe begonnen hatten, wiederholt zum Schutträumen abkommandiert worden. Er hatte auch viele Gehsteige reinigen müssen. Und sonstiges. Beliebt war es, Abortmuscheln mit Zahnbürsten säubern zu lassen. Oder Bahnhöfe.

Koch sen. hatte Ziegelstaub hassen gelernt. Die Abkommandierer auch. Nun atmete er die Luft mit dem Ziegelstaub tief ein, denn er räumte nur noch Schutt weg, wenn er wollte. Und Dreck, der *ihn* störte, Dreck, den er weghaben wollte, gab es viel. Andere Schmutz- und Schutträumer arbeiteten weniger gern. Ehemalige Abkommandierer wurden von ehemaligen Abkommandierten abkommandiert.

Ebenfalls ein Thema für Spaßmacher im Kabarett.

Ein Mann fegt den Gehsteig. Verdrossen und unbeholfen

Die Stadt

Hunger

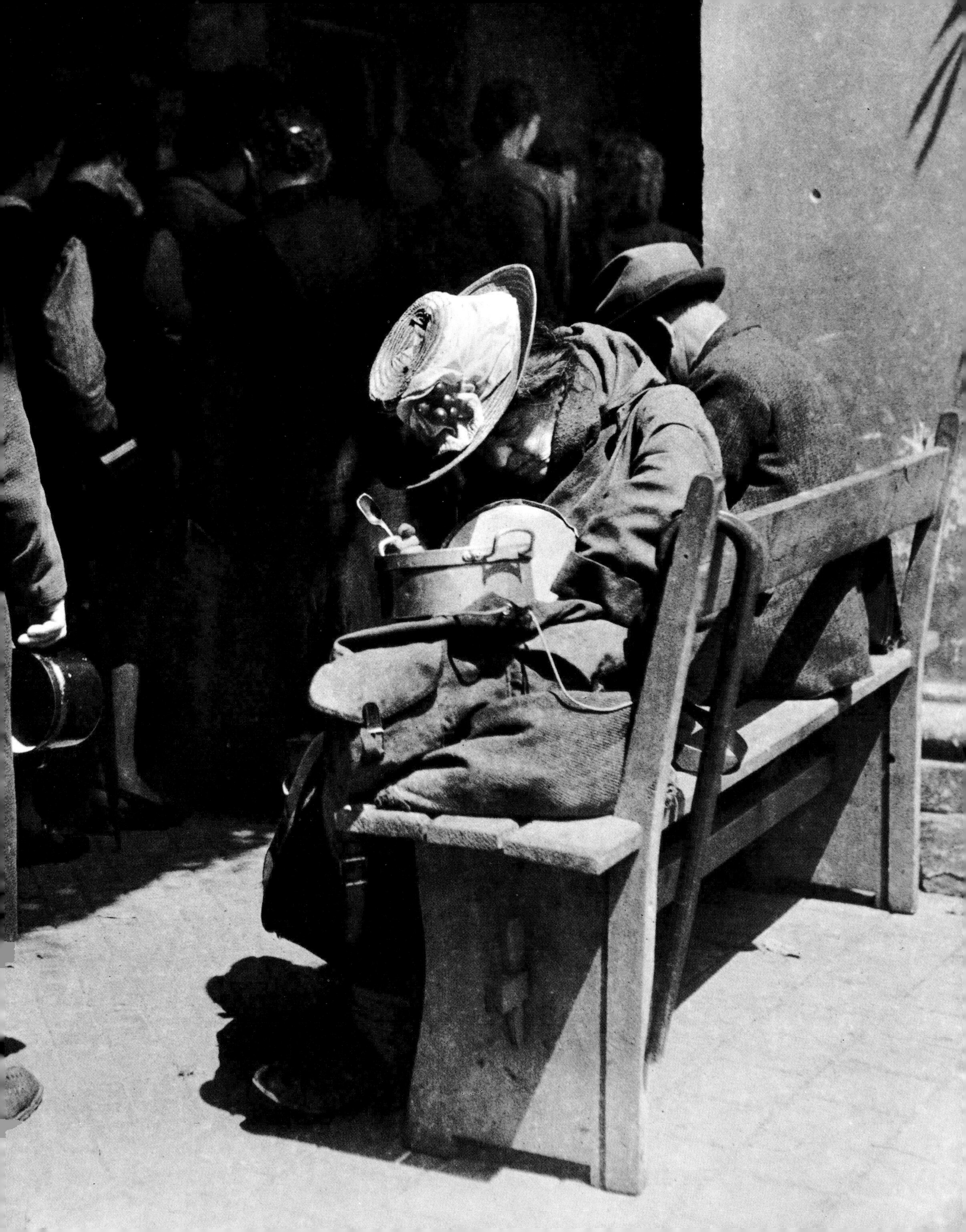

Asyl

Wie
Westb

Heimkehr

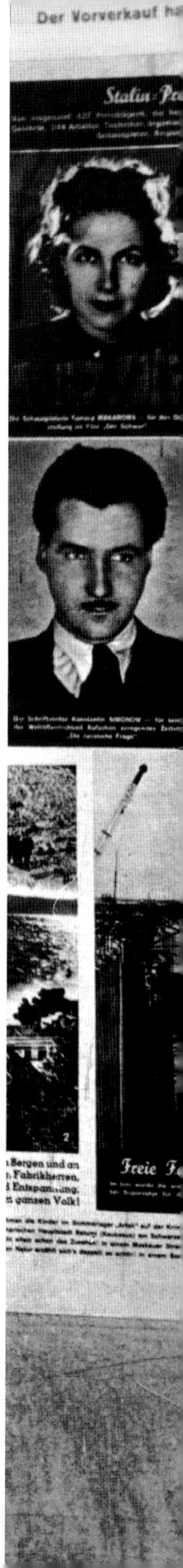
Der Vorverkauf h

Stalin-P

Die Schauspielerin Tamara MAKAROWA – für der Darstellung im Film „Der Schwur“

Der Schriftsteller Konstantin SIMONOW – für sein der Weltöffentlichkeit Aufsehen erregendes Zeit „Die russische Frage“

2

Bergen und an
Fabrikherren,
Entspannung.
ganzen Volk!

Freie F

Heimkehrer! Wer kann Nachricht ge
Anfragen über Einschaltungen sind zu richten an Lux-Verlag Wien 7, Mariahilferstraße 92!
Josef Schmiedl
Josef Hiden
Karl Jakob
Hans Heinrich
Franz Payrhuber
Peter Widowitz
Josef Haberler
Josef Kaltenleitner
Natalia Maria Becker
Feldpost
Feldpost
Feldpost
Feldpost
Feldpost
Feldpost
Dnjepeschiffen!
1947

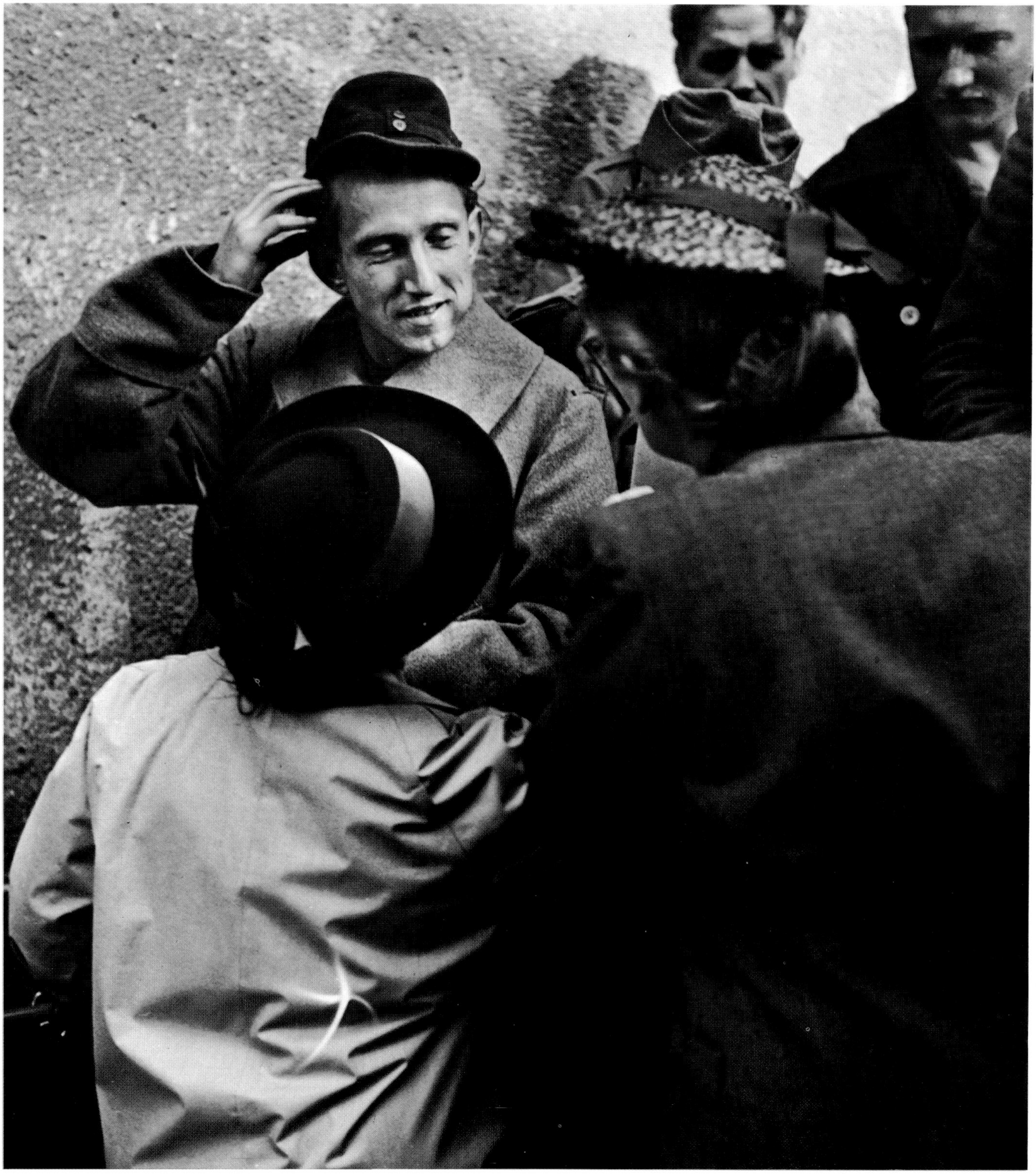

müht er sich mit dem Besen ab. Ein anderer Mann kommt vorbei, schaut zu, sehnsüchtig, greift nach dem Besen und zeigt, wie man es machen muß. Der eine sagt: »Ich bin Straßenkehrer, weil ich ein Nazi war. Im Ministerium haben sie mich rausgeworfen.« – Der andere sagt: »Mich haben sie bei den Straßenkehrern rausgeworfen, weil ich ein Nazi war.«

Auszug aus dem nicht geschriebenen Wörterbuch der dreißiger und vierziger Jahre:

Nazi – Mitglied der NSDAP.

Illegaler Nazi – Mitglied der österreichischen, von 1933 bis 1938 verbotenen NSDAP.

NSDAP – Nationalsozialistische Deutsche Arbeiterpartei, mit etwa 500.000 Mitgliedern in Österreich.

Entnazifizierung – Registrierungsverfahren für ehemalige Mitglieder der NSDAP, sowie Volksgerichtsverfahren für Straftaten, die im Zusammenhang mit der Machtausübung der NSDAP begangen wurden.

(Bis 1947 verhängten Volksgerichte, zwei Berufsrichter und drei Schöffen, 35 Todesurteile und 5659 Haftstrafen in Österreich.)

Auf dem Verwaltungsweg wurden 150.000 Beamte entlassen.

Zwei Männer räumen Schutt bei einer Bombenruine. Einer zum anderen: »Würden mir Herr Hofrat gütigst einen Ziegel herüberreichen?« – Der andere: »Aber bitte sehr, Herr Kollege, darf es dieser sein?«

Zwei neu eingestellte Beamte erledigen Akten im Ministerium. Der eine: »Geh, schupf mir den nächsten Akt rüber.« – Der andere: »Da, fang auf!«

Die Spaßmacher von 1945 hinterließen der Nachwelt nur unzulängliche Schilderungen des Zeitkolorits, aber auch die Berichte der Historiker waren offenbar mangelhaft, denn die Kinder begriffen später vieles nicht, was ihren Eltern widerfahren war. Das Jahr 1945 und die Zeit davor blieben Lesebuchweisheit, fast wie der Dreißigjährige Krieg (die Jahre von 1945 bis heute nennen die Väter den Dreißigjährigen Frieden!).

Fast vier Jahrzehnte lang hatten sehr viele Väter sehr wenig Zeit für sehr viele Kinder.

Ihre Rechtfertigung: Zuerst waren diese Väter damit beschäftigt gewesen, die Welt in Trümmer zu legen.

Dann waren sie damit beschäftigt, die Trümmer wieder wegzuräumen.

Zuletzt waren die Väter damit beschäftigt, eine neue Welt aufzubauen.

Die Kinder ließen vielfach diese Rechtfertigung nicht gelten.

Der Dreck der Väter, meinten sie, ginge sie nichts an. Den Dreck, meinten sie, hätten die Väter selbst gemacht. Es sei deshalb ihre Sache, ihn auch wieder wegzuräumen, und keine anerkennenswerte Tat.

Als die Kinder ins Nachdenkalter kamen (»Traue keinem über dreißig!«), da meinten sie auch, die Väter hätten gar keine neue Welt aufgebaut, sondern nur die alte renoviert. Notdürftig. Frischer Verputz für die alte Fassade, unter Beibehaltung der Konstruktionsfehler aus der Gründerzeit, und deshalb weiterhin einsturzgefährdet.

Pfusch, sagten die Kinder.

Chancen, sagten die Väter, wenn sie vom Dreißigjährigen Frieden sprachen, hätten diese Kinder erhalten wie keine Generation vorher.

Robert Pfannstiel jun. war eines dieser Kinder.

In Wahrheit hat es seit 1945 . . . Kriege gegeben (wie viele eigentlich?).

Sooft Pfannstiel jun. beim Frühstück Radio hörte, wurde er daran erinnert, daß es Altersgenossen gab, die nie in ihrem Leben Frieden kennengelernt hatten.

Der Buchstabe V (= Vietnam) war an der Reihe (Vietnam = Vernichtung, Verzweiflung). Wie erwähnt, es hätte ebensogut der Buchstabe F sein können (= Flugzeugentführung). Oder G (= Geiselnahme). Oder L (= Luftverpestung). Oder T (= Tupamaros, Stadtguerillas). Oder W (= Wasserverseuchung).

Mit jedem Buchstaben des Alphabets ließ sich die Bezeichnung Pfusch für den Dreißigjährigen Frieden beweisen.

Keiner der Väter, ob es sich nun um den ehemaligen Oberleutnant Robert Pfannstiel oder den ehemaligen Dienstverpflichteten Paul Koch handelte, brauchte auf seinen Anteil an dem Zustand der Welt stolz zu sein, fand Robert Pfannstiel jun., das Friedenskind.

Am Vorabend seines Geburtstags war er erst spät aus Zagreb zurückgekommen. Dort hatte er erfolgreich über die Lieferung von tausend Elektrohaushaltherden verhandelt. Angesichts des unterschriebenen Vertrags fand er zumindest sein eigenes Leben einigermaßen in Ordnung. Im Büro hängte er den Frühjahrsmantel in den Garderobeschrank und ging in das Chefzimmer hinüber, zu Paul Koch.

Paul Koch wartete geduldig neben seinem Küchenherd auf den Fleischer mit dem Handwagen. Der Fleischer hatte, wie erwähnt, den Handwagen für eine Beerdigung verliehen. Paul Koch wußte, Beerdigungen waren schwierig.

Im Einfamilienhaus eines 1938 zuerst zwangspensionierten und dann in das KZ verschickten Oberstleutnants hatten fünf Frauen Schutz gesucht, denn der KZ-Ausweis des eben erst freigekommenen Häftlings versprach Sicherheit. Dann hielten siebzig Besatzungssoldaten in diesem Hause eine Feier ab. Den KZ-Ausweis las keiner. Die Hilferufe der Frauen beachtete keiner. Am Morgen erschoß der Oberstleutnant die Frauen und sich. Erst drei Tage später konnte der Pfarrer der Gemeinde ein Fuhrwerk auftreiben, um die Toten zum Friedhof zu bringen. Soldaten hielten unterwegs den Wagen an, spannten die Pferde aus und zogen mit ihnen ab. Das Fuhrwerk mit den sechs Leichen blieb am Straßenrand stehen. Beerdigungen waren schwierig.

Paul Koch betrachtete prüfend den wackligen Handwagen, ob der das Gewicht des Küchenherdes auch aushalten würde.

Der Fleischer betrachtete den wackligen Herd, ob der den Kaufpreis auch wert sei.

Der Herd stammte noch aus der Metallwarenfabrik, in der Paul Koch dienstverpflichtet gewesen war. Als technischer Zeichner. Bis Mitte 1944 hatten sie solche Herde in Serie erzeugt. Reichseinheitsmodell. Schwarzblech, gestrichen, denn seit 1943 wurde nicht mehr emailliert. Die Herde wurden auf Bezugschein abgegeben (nur an Ausgebombte).

Dann war die Fabrik auf die Produktion von Kriegsgerät umgestellt worden. Schwarzblech, gestanzt und gebohrt. Wofür die Blechteile bestimmt waren, wußte in der Fabrik niemand. Koch wußte nur, daß die Hälfte der Produktion Ausschuß war. Sie hätten Tiefziehblech benötigt, doch es gab nur Schwarzblech aus der eingestellten Herdproduktion.

Koch war das egal.

Den Fremdarbeitern (Griechen, Ukrainern, Italienern, Franzosen) war es auch egal.

Vielleicht war es auch dem Oberstabszahlmeister egal, der die Blechteile prüfte und die Übernahme bestätigte. Auch wenn es ihm nicht egal gewesen sein sollte, hätte er nichts tun können. Es gab kein Tiefziehblech.

(Kriegskosten des Großdeutschen Reiches bis 1945: 670 Milliarden Reichsmark, Friedenswert.)

 Illegal wurden weiter Küchenherde erzeugt, in geringen

Mengen. Der Chef, der die Fabrik arisiert hatte, verkaufte sie gegen Naturalien.

(Arisieren = Übernahme jüdischen Besitzes durch Arier, mit oder ohne Bezahlung.)

Die illegal erzeugten Herde standen im Magazin, hinter einem Berg Abfallmaterial. Einen Herd hatte der Chef dem Paul Koch geschenkt. Seit Mitte 1944 etwa behandelte er den Dienstverpflichteten Paul Koch überhaupt gut.

Seit Mitte März 1945 bröckelte die Gefolgschaft ab.

(Gefolgschaft: Betriebsangehörige im Sprachgebrauch des NS-Regimes.)

Paul Koch mußte den Chef jeden Morgen anrufen und bekanntgeben, wie viele von den Fremdarbeitern und den Dienstverpflichteten, meist Frauen, noch zur Arbeit erschienen waren (60 Stunden-Woche).

Am 3. April 1945 registrierte Paul Koch knapp die Hälfte der Gefolgschaft. Das Telefon funktionierte noch. Der Chef meldete sich nicht mehr.

An den Mauern klebten Plakate, die die Stadt zum Verteidigungsbereich erklärten. »Frauen und Kindern wird empfohlen, die Stadt zu verlassen.« Eines dieser Plakate fand später als Foto Eingang in zahlreiche Bilddokumentationen über die Apriltage 1945. Auf dieses Plakat hatte jemand geschrieben: »Wohin?«

Im Süden der Stadt war die sowjetische Artillerie zu hören. Nachts sah man den Feuerschein brennender Dörfer.

Am 4. April ging Paul Koch nicht mehr in die Fabrik. Er ging in den Keller, um dort den Küchenherd zu montieren. Einige Hausbewohner hatten in ihren Kellerabteilen Betten aufgestellt. Ein dicker Briefmarkenhändler und seine Frau schliefen schon seit einer Woche dort. Dem Briefmarkenhändler hatte Koch vor ein paar Monaten seine Sammlung verkauft und genug Geld dafür bekommen, um fünf Kilogramm Kartoffeln zu kaufen.

Kohlenvorräte gab es in den Kellern kaum, deshalb war es ein Glück, daß sich der Küchenherd auch mit Holz heizen ließ. Paul Koch, der das Holz von den Schutthalden einer Bombenruine zwei Gassen weiter holen wollte, stemmte eben ein Loch in die Kaminmauer, um das Abzugsrohr einzupassen, als zwei Männer in den Keller kamen. Sie trugen Armbinden und brachten die schriftliche Aufforderung, Paul Koch solle sich zwecks Schanzenbaus bei der nächsten Ortsgruppe der NSDAP einfinden.

Was Paul Koch zu diesem Zeitpunkt nicht wußte, war: Der Schanzenbau bestand am 4. April im Aufreißen des Straßenpflasters und dem Auftürmen der Pflastersteine. Die Schanze, die Paul Koch bauen helfen sollte, wurde an einer Straßenkreuzung neben einer Kirche errichtet. Ein Oberleutnant erschien in einem Panzerspähwagen, auf dessen Dach ein Hitlerjunge mit einer Panzerfaust saß. Der Oberleutnant inspizierte den Schanzenbau und die dort beschäftigten Arbeitskräfte. Das heißt: den Pfarrer der benachbarten Kirche, seinen Vikar, einige Dutzend Frauen und ältere Männer sowie einige Zeitgenossen, die aus verschiedenen Gründen bis dahin nicht als vollwertige Volksgenossen gegolten hatten, sonst wären sie längst in Uniform gesteckt worden. Die Schanzenbauer steckten, auf Anraten des Pfarrers, Holzkeile zwischen die Pflastersteine. Deshalb hielt die Mauer den prüfenden Blicken des Oberleutnants stand (vielleicht war es ihm auch egal. So vielen Leuten war in diesen Tagen schon so vieles egal). Der Oberleutnant sagte, er müsse mit seiner Kompanie das ganze Viertel sichern, sozusagen als Rückgrat der Verteidigung. Die Verteidigung jeder einzelnen Schanze jedoch sei Sache der Schanzenbauer. Womit sie die verteidigen sollten, das sagte der Oberleutnant nicht. Er versprach, wiederzukommen, und fuhr weiter. Der Hitlerjunge winkte mit der Panzerfaust.

Paul Koch fand sich mit eineinhalb Stunden Verspätung in der Ortsgruppenleitung ein, denn er hatte auf dringendes Ersuchen der Hausbewohner vorher noch den Küchenherd im Keller betriebsfertig gemacht. Die Frau des Briefmarkenhändlers probierte den Herd aus. Sie kochte einen Topf Maiskörner. Der Briefmarkenhändler sagte, seine Mutter sei jetzt wahrscheinlich schon eine Russin, weil sie am südlichen Stadtrand wohnte. Zu Paul Koch sagte der Briefmarkenhändler, er solle sich lieber im Keller verstecken als zur Ortsgruppenleitung gehen. Aber Paul Koch versteckte sich nicht. Nicht, weil er ein Held gewesen wäre. Er ging, weil er kein Held war.

Stichwort Heldentum: Auf einem kleinen Platz im Norden der Stadt wurden noch vier Tage später ein Major, ein Hauptmann und ein Oberleutnant gehenkt. Sie hatten versucht, die Stadt kampflos zu übergeben. Paul Koch wußte über die Kriegslage nicht Bescheid. Seine Welt bestand in diesen Apriltagen nur aus ein paar Häuserblocks.

Als Paul Koch in die Ortsgruppenleitung kam, war niemand mehr dort. Die Eingangstür stand offen. Aktenordner waren aus den Schränken gerissen worden, Karteikästen lagen auf dem Boden. Papier flatterte. Paul Koch ging noch zwei Gassen weiter bis zur Kirche. An der Schanze arbeitete niemand mehr.

Auf dem Heimweg sah Paul Koch etwas, das wie ein Mensch aussah. Es lag auf dem Gehsteig. Jemand hatte ein paar Bogen Papier über den Körper gebreitet und mit Ziegelsteinen beschwert. Paul Koch ging schnell vorbei, ohne nachzusehen, ob der Tote unter dem Papier bei Lebzeiten vielleicht ein Bekannter gewesen war. Er beeilte sich, in den Keller zurückzukommen, weil er damit rechnete, daß die Frau des Briefmarkenhändlers einen Teller Maiskörner für ihn aufgehoben hatte.

Das Feuer im Küchenherd brannte, als hätte ein erfahrener Handwerker den Herd installiert. Paul Koch war kein erfahrener Handwerker. Er war gar nichts. Er hatte keine Gelegenheit gehabt, etwas zu werden. Er hatte lediglich einen Kurs für Technisches Zeichnen absolviert. Zwei Abende pro Woche, drei Monate lang. Auf Grund dieser Ausbildung war es dem Besitzer der Metallwarenfabrik, dem Arisierer, geglückt, den zur Organisation Todt dienstverpflichteten Paul Koch leihweise als Facharbeiter für seine kriegswichtige Produktion zu bekommen. Paul Kochs erste Tätigkeit hatte darin bestanden, Schablonen für die Blechwände der Küchenherde zu zeichnen. Die Vorlagen dazu wurden vom Beauftragten der Reichsarbeitsgemeinschaft Öfen und Herde beim Reichsminister für Bewaffnung und Munition, Berlin, per Post zugeschickt.

Bevor Hitler kam, hatte Paul Koch Germanistik studieren wollen. Dann hatte er nur noch überleben wollen. Während er die weichgekochten Maiskörner löffelte, fragte er sich, ob die Universität sein Maturazeugnis anerkennen würde. Dieses Maturazeugnis hatte er, als er den Einberufungsbefehl vorlegte, 1939 geschenkt bekommen. Ohne Prüfung. Sein Interesse gehörte der deutschen Literatur des beginnenden 19. Jahrhunderts. Er wollte über August von Kotzebue dissertieren. Schon auf dem Realgymnasium hatte er davon geträumt, während Robert Pfannstiel sen., eine Klasse über ihm, von einer Zukunft als Pianist träumte.

Als Robert Pfannstiel jun. Mitte der sechziger Jahre die Oberstufe des Realgymnasiums absolvierte, las er Cohn-Bendit, Rudi Dutschke und Marcuse, gelegentlich auch Adorno. Er wollte Soziologe werden.

Robert Pfannstiel jun. schob den Vertrag, den er aus Zagreb mitgebracht hatte, über den Schreibtisch. Tausend Elektro-Küchenherde. Dann holte er eine Blechdose mit englischem Pfeifentabak aus der Rocktasche und legte sie neben den Vertrag. Den Tabak hatte er bei der Zwischenlandung auf dem Flugplatz Zürich im Duty Free-Shop gekauft.

Paul Koch kippte mit seinem Schreibtischsessel – ledergepolstert mit Drehgelenk – nach vorne und zog die Blechdose heran. Den Vertrag ließ er ungelesen liegen. Verträge, die Robert Pfannstiel jun. ausgehandelt hatte, waren immer in Ordnung. Von Cohn-Bendit und Rudi Dutschke sprach kaum noch ein Mensch. Das letzte Buch von Marcuse hatte Robert Pfannstiel jun. zwar gekauft, aber er hatte es dann nur flüchtig durchgeblättert.

Paul Koch nahm die Tabaksdose, vakuumverpackt, öffnete sie mit einem Geldstück und begann, seine Pfeife zu stopfen.

»Nett, daß du daran gedacht hast«, sagte er. »Heute abend, da wirst du Augen machen. Wir haben auch was für dich.«

Wir: Das waren außer ihm selbst noch Gerda Pfannstiel, die Mutter, und Robert Pfannstiel sen., der Vater. Jetzt Dr. Robert Pfannstiel, Obermagistratsrat. Nicht Pianist. Mit nur einem Arm vergißt man Jugendträume. Auch Paul Koch, Geschäftsführer der Metallwarenfabrik Paul Koch Ges.m.b.H. & Co. KG, dachte nur noch selten an August von Kotzebue.

Robert Pfannstiel jun. ahnte, daß sie ihm zu seinem dreißigsten Geburtstag einen neuen Wagen schenken würden. Er nahm sich vor, pflichtschuldigst Überraschung zu heucheln. Allein der Vertrag, den er den Leuten in Zagreb abgerungen hatte, sicherte eine Monatsproduktion. Da der Wagen als Firmenfahrzeug laufen würde, ließ sich der Kaufpreis von der Steuer absetzen.

Paul Koch blickte dem Rauch der Pfeife nach. Er sprach, wieder einmal, von dem Tag, an dem Robert Pfannstiel jun. zur Welt gekommen war. Der dreißigste Geburtstag war ein guter Anlaß.

»Damals«, sagte er, »damals haben wir mit einem alten Küchenherd angefangen, weißt du ...«

Robert Pfannstiel jun. wußte. Er hatte die Geschichte oft genug zu hören bekommen. Für seine Mutter hatte er in Zürich eine Flasche Chanel Nr. 19 gekauft.

Auf dem Küchenherd im Keller hatte Gerda Pfannstiel, damals schon im neunten Monat schwanger, Fleischlaibchen gebraten. Ohne Fleisch natürlich, aus Haferflocken und Erbsen, abgeschmeckt mit Suppenwürze, die ihr die Frau des Briefmarkenhändlers gegeben hatte.

Für seinen Vater, der jetzt nicht mehr rauchte, hatte Robert Pfannstiel jun. eine Flasche Whisky aus dem Duty Free-Shop mitgebracht.

Damals, als Gerda Pfannstiel Fleischlaibchen ohne Fleisch herzustellen lernte, hatte Robert Pfannstiel sen. noch geraucht. In einem russischen Kriegsgefangenenlazarett. Machorka.

Den Sohn Robert Pfannstiel kotzte das ständig wiederkehrende »damals« längst an.

Damals, Anfang April 1945, kochten zwei Dutzend Familien vier Tage lang auf dem Küchenherd im Keller ihren Frühstückskaffee (Kaffee-Ersatz), das Mittagessen (Kartoffeln, Erbsen, Bohnen, Mais) und das Abendessen (Kartoffeln, Erbsen, Bohnen, Mais). Zweimal gab es die Fleischlaibchen ohne Fleisch nach Art des Hauses Pfannstiel, dann war der Vorrat an Suppenwürze aus dem Besitz der Frau des Briefmarkenhändlers aufgebraucht.

Paul Koch und der Junge von nebenan, der immer auf Fliegeralarm gehofft hatte, gingen dreimal hinaus auf die Straße und holten Brennholz aus der Bombenruine. Was sie gehört und gesehen hatten, reichte nicht aus, um einen Überblick über die militärische Lage zu gewinnen.

Artilleriefeuer. Maschinengewehrfeuer. Gelegentliches Motorengeräusch von Flugzeugen. Rauchschwaden, ziemlich entfernt. Granateinschläge, oft sehr nahe. Vereinzelt Fahrzeuge der Deutschen Wehrmacht. Kaum Zivilisten. Der Tote unter dem Papier lag immer noch dort.

Im Keller stand ein Volksempfänger, der Gerda Pfannstiels Mutter gehörte. Der deutsche Wehrmachtbericht sprach von Abwehrerfolgen. Von Zeit zu Zeit Meldungen eines russischen Senders. Niemand im Keller verstand Russisch. Paul Koch gelang es, einen britischen Sender hereinzubekommen. Schon nach den ersten englischen Wortfetzen begann der Briefmarkenhändler entsetzlich zu schreien, man möge doch um Himmels willen abschalten, er sei schließlich nicht wahnsinnig, sich womöglich jetzt noch wegen Abhören von Feindsendern erschießen zu lassen.

Am Morgen des dritten Tages gingen nicht nur die Brotvorräte, sondern auch die elektrischen Lichter aus. Der Volksempfänger schwieg. Kerzen gab es noch.

»Wenn es zu Ende ist, fange ich zu studieren an«, sagte Paul Koch zu seinen Eltern. Der Junge von nebenan, der immer schon Pilot werden wollte, fragte sich, ob ihn die Amerikaner, wenn sie den Krieg erst gewonnen hätten, nehmen würden. Gerda Pfannstiel dachte daran, daß sie nach der Geburt des Kindes ihre Buchhaltungskenntnisse auffrischen wolle. Bevor sie Anfang 1944 als Straßenbahnschaffnerin dienstverpflichtet worden war, hatte sie als Lohnverrechnerin gearbeitet.

(Kriegseinsatz der deutschen Frauen: 16 Millionen weibliche Arbeitskräfte.)

Wenn es ihre alte Firma nachher (= nach Kriegsende) noch geben sollte, würde sie sich so bald wie möglich melden. Ob Frauen und Kinder von Vermißten eine Rente bekommen würden? Dazu war die Regierung schließlich verpflichtet (welche Regierung? Hitler? Der Briefmarkenhändler fragte sich, welchen Überdruck Briefmarken mit einem Hitlerkopf bekommen würden).

Zuerst einmal mußten sie lebend aus diesem Keller herauskommen.

Der dicke Briefmarkenhändler lag die ganze Zeit im Bett und schwitzte vor Angst. Die anderen fürchteten sich auch. Vor Granateinschlägen. Vor Brandbomben. Daß die Kerzen ausgehen könnten, bevor es wieder elektrisches Licht gab. Daß die SS zurückkommen könnte, bevor die Sowjets kamen. Daß die Sowjets kommen könnten, bevor sich die deutschen Abwehrerfolge auswirkten. Daß zuerst die Russen, dann die SS, dann wieder die Russen kommen könnten. Einige hofften, daß vielleicht weder die SS noch die Russen, sondern die Amerikaner kommen würden. Woher so plötzlich, wußten sie nicht. Niemand wußte irgend etwas auch nur einigermaßen genau.

Die Frauen organisierten den Küchendienst. Sie legten zusammen, was sie hatten, Kartoffeln, Erbsen, Bohnen, Mais, und verteilten die Portionen gleichmäßig an alle. Zum Frühstückskaffee gab es, solange Brot da war, Rübenmarmelade mit Apfel- oder Marillengeschmack. Einige hatten sogar noch Eier, Wurst, Käse, Speck, Butter, je nach ihren Beziehungen. Diese Zusatzrationen wurden nicht verteilt. Jeder aß sie allein in seinem Kellerabteil.

»Wenn du von damals erzählst«, sagte Robert Pfannstiel jun. zu Paul Koch, »dann erzählst du fast immer davon, daß es

nichts zu essen gab. Habt ihr an sonst gar nichts gedacht?«
»Doch«, sagte Paul Koch, »aber hauptsächlich ans Essen.«

Für Gerda Pfannstiel, schwanger im neunten Monat, Kindesvater vermißt, hatte der Fleischer, der später den Küchenherd kaufte, ein halbes Kilogramm Schweineschmalz gebracht (zum Schwarzmarkt-Selbstkostenpreis). Ein Arzt, einige Häuser weiter, hatte sagen lassen, man möge ihn holen, falls es nötig sein sollte. Es war nicht nötig. Die Sieger kamen, bevor das Kind, der spätere Robert Pfannstiel jun., kam.

Der Zufall wollte es, daß eben der Jude Ernst Koch vorsichtig den Kopf zum Haustor hinausschob, um frische Luft zu schnappen, als drüben, auf der anderen Straßenseite, sich ebenso vorsichtig ein sowjetischer Stahlhelm um die Hausecke schob.

»Sie sind da!«

Die Eroberer?

Die Befreier?

Keiner wußte, wie er sie nennen sollte, weil keiner wußte, was geschehen würde. Und die, die ausländische Sender abgehört hatten (Todesstrafe), wußten nicht, was von dem Gehörten sie glauben durften.

(Kosten der Befreiung in der sowjetischen Besatzungszone Österreichs: Beschlagnahme von Gebäuden, Maschinen, Transporteinrichtungen und Bargeld in Höhe von 1,2 Milliarden Schilling, Geldwert 1945. Besatzungskosten in Österreich bis Ende 1948: 5,9 Milliarden Schilling. Die Bundesrepublik Deutschland bezahlte noch 1953 monatlich 600 Millionen D-Mark an die Besatzungstruppen.)

»Was habt ihr euch eigentlich vorgestellt?« fragte Robert Pfannstiel jun.

»Nichts«, bekannte Paul Koch. »Ich zumindest, ich habe mir im ersten Augenblick nichts vorstellen können. Nur, daß jetzt etwas ganz Neues, völlig Unbekanntes anfängt.«

Ernst Koch fegte seither täglich den Gehsteig. Er blieb so lange wie möglich auf der Straße, um sich von Leuten grüßen zu lassen, die ihn jahrelang nicht gegrüßt hatten. Gelegentlich dachte er an die Perserteppiche, die ursprünglich ihm gehört hatten, und die wohl irgendwo, ganz in der Nähe, in einer Wohnung lagen. Es wäre nicht schwer gewesen, die Wohnung auszuforschen. Ernst Koch hatte es nicht eilig. Es gab Leute, die griffen nach der Holzhacke, gingen hin, schlugen die Wohnungstüre ein und holten ihr Eigentum zurück. Es gab auch Leute, die holten, was ihnen nie gehört hatte. Ernst Koch ließ sich grüßen.

Die Hausbewohner waren längst in ihre Wohnungen zurückgekehrt. Den Küchenherd im Keller brauchten sie nicht mehr. Doch manche Leute hatten überhaupt keinen Herd, oder aber nur einen Gasherd, und Gas gab es nur stundenweise und unregelmäßig. Der Fleischer, der den Herd gekauft hatte, vermißte das Abzugsrohr. Das wollte er auch haben, und er erklärte sich bereit, dafür noch ein Kilogramm Mehl extra zu bezahlen. Paul Koch ging in den Keller, um das Abzugsrohr heraufzuholen. Der Fleischer hatte inzwischen nachgedacht. Als Paul Koch mit dem Ofenrohr wieder heraufkam, sagte er, daß es in der Fabrik möglicherweise noch ein oder zwei Herde gäbe. Er, der Fleischer, wüßte Abnehmer. Zum gleichen Preis. Auch wenn sie beschädigt wären, die Herde, sie seien anzubringen, sagte er.

Paul Koch erklärte, er habe ohnehin vor, in den nächsten Tagen einmal hinauszugehen, um nachzusehen, was noch übriggeblieben sei von der Fabrik. Dann würde er sich melden.

Das Kilogramm Rindfleisch, das halbe Kilogramm Schmalz und die Hälfte der Stange Wurst lieferte Paul Koch bei seiner Mutter ab. Mit der anderen Hälfte der Wurst stieg er zwei Stockwerke höher und klopfte an die Wohnungstür der Familie Pfannstiel. Er hatte Gerda Pfannstiel mit dem Kind heimkommen sehen, aber er hatte noch nicht gratuliert, weil er zu sehr mit dem Küchenherd beschäftigt gewesen war. Sie öffnete ihm die Tür.

Die halbe Stange Wurst, sagte er, sei wohl ein zeitgemäßes Taufgeschenk. Falls sie das Kind taufen lassen wollte.

»Ja«, sagte sie. »Auf den Namen Robert.«

Paul Koch wußte, daß der vermißte Oberleutnant so hieß. Sie waren schließlich in dieselbe Schule gegangen, wenn auch nicht in dieselbe Klasse.

Von ihrem Mann, sagte Paul Koch, würde sie nun hoffentlich bald etwas hören. Jetzt, da der Krieg zu Ende war.

»Ja«, sagte sie. »Hoffentlich.«

In Wahrheit hoffte sie längst nicht mehr. Ihr Mann war bei dem Bombenangriff sicher ums Leben gekommen, wahrscheinlich verbrannt oder bis zur Unkenntlichkeit verstümmelt worden. Etwas anderes konnte sie sich nicht vorstellen.

Die Wurst wollte Gerda Pfannstiel zuerst nicht nehmen, weil die Kochs doch selbst nicht viel hatten.

Paul Koch sagte, sie hätten schon zwei Pakete bekommen, von einer Hilfsorganisation. Sogar Sardinen. Außerdem würde er dem Fleischer noch zwei oder drei Herde verschaffen.

Gerda Pfannstiel hatte noch Mehl. Aus dem Spital hatte sie zwei Semmeln mitgebracht. Zwar schon vom Vortag, aber für Wurstknödel brauchte man ohnehin alte Semmeln. Er sei eingeladen zu Wurstknödeln, sagte sie.

Ob drei weiche Eier am Morgen nicht zu viel sind, überlegte Robert Pfannstiel jun. Jetzt war er eben erst dreißig geworden und hatte schon mit Übergewicht zu kämpfen. Nein, Eier machen nicht dick. Er hatte in der Kalorientabelle nachgesehen. Kalorientabellen gab es überall.

(In München zum Beispiel hatte die Hauptnahrung in den ersten drei Nachkriegsjahren nur aus Kartoffeln bestanden. Durch Rückkehr aus der Evakuierung, Zuzug von Heimatvertriebenen, Flüchtlingen und Ausgewiesenen stieg die Bevölkerungszahl vom 1. Mai 1945 bis 1. Januar 1947 von 529.000 auf 762.000. Vor dem Krieg nahmen die Deutschen durchschnittlich 2900 Kalorien pro Kopf und Tag zu sich. Im Winter 1939/40 lag die tägliche Ration eines Normalverbrauchers bei 2600 Kalorien, im Winter 1944/45 bei etwa 1800 Kalorien, bis Kriegsende sank sie auf etwa 1500 Kalorien ab. In den folgenden drei Jahren schwankten die Zuteilungen zwischen 1500 und 1000 Kalorien. Im Sommer 1945 und 1946 wurde mit 920 beziehungsweise 985 Kalorien die unterste Grenze erreicht.

Im Jahre 1936 gab der Völkerbund bekannt, daß zur Aufrechterhaltung des Lebens bei leichter körperlicher Betätigung täglich 2400 Kalorien erforderlich seien.)

»Damals haben wir lange Zeit von zwölfhundert Kalorien täglich leben müssen«, hatte Robert Pfannstiel jun. immer wieder von seinen Vätern gehört.

Im Herbst 1945 waren die Lebensmittelrationen auf eintausendfünfhundert Kalorien täglich erhöht worden. Ein Oktoberfest, so kam es Paul Koch damals vor.

(Die Lebensmittelversorgung der Durchschnittsbevölkerung erreichte erst 1949 den medizinisch errechneten Mindestbedarf.)

Die Mohnstriezel zum Frühstück, mit Butter und Leberstreichwurst, die sollte er weglassen, überlegte Robert Pfannstiel jun. Damit wären schon sechshundert Kalorien täglich eingespart, hatte er kürzlich errechnet.

Achthundert Millionen Menschen lebten von weniger als eintausendzweihundert Kalorien täglich. In den Vereinigten Staaten breitete sich unter den Studenten eine politische Vegetarierbewegung aus. Angesichts der Welternährungskrise bezeichneten es die Studenten als unverantwortlich, Fleisch zu essen. Um ein Kilogramm Rindfleisch zu produzieren, müssen acht Kilogramm Getreide verbraucht werden.

Seit er die Exportabteilung des Betriebes selbständig leitete, kam er kaum noch dazu, sich fit zu halten. Das Tennisspielen dreimal wöchentlich und die drei Wochen Skiurlaub im Winter waren zuwenig. Er saß oft zehn Stunden am Tag im Büro.

Nulldiät war neuerdings sehr beliebt. Unter ärztlicher Kontrolle im Krankenhaus. Bis zu zehn Kilogramm Gewichtsverlust in vierzehn Tagen. Könnte ihm nicht schaden, überlegte Robert Pfannstiel jun. Woher aber sollte er die vierzehn Tage nehmen? Das vertrug der Betrieb gerade jetzt nicht. Man mußte sich ranhalten, wenn man von der schon allgemein spürbaren Rezession verschont bleiben wollte.

Hatten sie damals wirklich nur an das Essen gedacht? fragte sich Paul Koch.

Als Paul Koch die Wohnung der Familie Pfannstiel verließ, mit der Einladung zu Wurstknödeln, traf er im Treppenhaus den Briefmarkenhändler.

Der Briefmarkenhändler war immer noch dick. Infolge eines schweren Herzleidens, behauptete er (oder schwer herzleidend infolge Fettsucht, behaupteten die anderen Leute). Die deutsche Wehrmacht hatte ihn wegen dieses schweren Herzleidens schon 1943 heimgeschickt. Es hatte ihm leid getan, er war gern Soldat gewesen. Hauptmann der Reserve, bei den Besatzungstruppen auf dem Balkan. Zwar nicht für die Front, aber als Ortskommandant diensttauglich. Sobald er in einen neuen Ort versetzt wurde, ließ er den einheimischen Bürgermeister kommen und verlangte Namen und Adressen von Briefmarkensammlern. Er besuchte sie abends, aber außerdienstlich, zwar in Uniform, aber nur mit dem Michl-Katalog bewaffnet. Er ließ sich die Sammlungen zeigen und zog, sorgfältig mit der Pinzette, einzelne Marken aus den Alben. Er richtete sein Augenmerk hauptsächlich auf Exemplare, die ihm zur Komplettierung von Sätzen fehlten. Er hatte ein ausgezeichnetes Gedächtnis. Er nahm nur, was er wirklich brauchte. Den Nettopreis legte er bar auf den Tisch. Den Nettopreis bestimmte er.

Der Briefmarkenhändler zog Paul Koch auf dem Treppenabsatz des Stiegenhauses zum Fenster und schüttelte ein paar Briefmarken aus einem Umschlag aus Zellophanpapier auf die Handfläche.

Hitler mit Überdruck. Nur ein paar Tage im Umlauf. Der Briefmarkenhändler grinste. »Zuwenig Überdruck.« Man sah tatsächlich zuviel Hitler auf den Briefmarken. In anderen Teilen des Landes verwendete man eine stärkere Schrift für den Überdruck, oder man machte das Gesicht mit einem großen schwarzen Punkt unkenntlich. »Kaum zu bekommen«, sagte der Briefmarkenhändler. »Ich habe mir ein paar Bogen besorgt. Einen Satz können Sie haben.« Bis dahin hatte er Paul Koch immer geduzt, weil er ihn schließlich schon als Kind gekannt hatte.

»Das Sammeln habe ich doch längst aufgegeben«, erinnerte Paul Koch. Der Briefmarkenhändler wußte es. Er hatte schließlich Paul Kochs Sammlung für den Preis von fünf Kilogramm Kartoffeln erstanden (= Nettopreis). »Jetzt können Sie doch wieder anfangen«, sagte er. »Ich mache Ihnen einen Freundschaftspreis. Die Leute werden alle wieder anfangen«, sagte der Briefmarkenhändler. »Jetzt, wo keiner mehr Angst haben muß, daß ihm die Bomben alles kaputtmachen.«

Zum erstenmal wurde sich Paul Koch bewußt, daß eine Zeit begonnen hatte, in der man keine Angst mehr haben mußte. Der Dreißigjährige Friede hatte begonnen.

»Jetzt muß man zugreifen«, sagte der Briefmarkenhändler voll Tatkraft, trotz des schweren Herzleidens. Er ließ sich zwei Sätze der eingezogenen Überdruck-Ausgabe abhandeln, beide zum Freundschaftspreis (im Hinblick auf die seinerzeit zum Nettopreis erstandene Sammlung).

Die Brennholzvorräte in der Bombenruine, aus der Paul Koch sich und die übrigen Hausbewohner während der Kellertage versorgt hatte, waren längst verbraucht. Paul Koch hatte einen Schulfreund, der in amerikanische Gefangenschaft geraten war und dessen Eltern in einem anderen Bezirk der Stadt eine Schneiderei besaßen. Der Schneidermeister hatte aus den Trümmern des teilweise zerstörten Hauses zwei Nähmaschinen geborgen, die beschädigten Teile entfernt und durch Überreste nicht mehr reparierbarer Maschinen ersetzt. Er und seine Frau nähten jetzt in der Küche ihrer Wohnung Damenmäntel aus Wehrmachtsdecken. Im Hinblick auf die Schulfreundschaft durfte Paul Koch zweimal pro Woche bei dem Schneidermeister Brennholz holen. Er würde sich später, wenn sein Freund heimkehrte, mit einem Satz der eben erworbenen Briefmarken revanchieren. Der Schneidermeister erzählte ihm, daß er die amerikanischen Marken von den Briefen seines Sohnes gegen Zwirn und Nähseide eintauschte, daß er aber wenig Hoffnung hätte, dieses Geschäft könnte noch lange florieren; es kamen mehr und mehr Briefe aus Amerika.

Die Holztrümmer zerkleinerte Paul Koch gleich im Hof. Er verpackte das Kleinholz in einen Rucksack und in einen alten Kohlensack. Das reichte für zwei bis drei Tage. Mehr konnte Paul Koch nicht transportieren, weil er einen Teil des Weges zu Fuß gehen mußte. Er trug den Kohlensack abwechselnd auf der rechten und auf der linken Schulter und wechselte etwa alle fünfzig Schritt. Wenn er frühmorgens loszog, konnte er zu Mittag daheim sein.

Robert Pfannstiel jun. hatte nach der Unterzeichnung mit seinen Vertragspartnern noch zu Mittag gegessen. Am Nachmittag wollte er die Stadt besichtigen. Für den späten Abend hatte er ein Schlafwagenabteil im Balkan-Expreß reserviert. Ab Zagreb um 23 Uhr. Der Nachmittag war kalt und regnerisch. Kein Wetter für eine Stadtbesichtigung. Gegen drei Uhr hatte er von den Kaffeehäusern genug und erkundigte sich nach einer Flugverbindung.

In der zweiten Woche nach ihrer Heimkehr aus dem Krankenhaus fühlte sich Gerda Pfannstiel wieder kräftig genug, ihre Mutter beim Gemüseeinkauf zu begleiten. Gemüse kaufte man nicht beim Greißler an der Ecke, denn dort gab es keines. Die Frauen fuhren in die Gärtnereien am östlichen Stadtrand. Sie nahmen die erste Straßenbahn, gleich nach fünf Uhr früh. Wenn man später als um zehn ankam, war meistens nichts mehr da. Dreimal umsteigen. Die direkte Linie war noch nicht wieder in Betrieb.

Die direkte Maschine nach Hause war schon abgeflogen, doch Robert Pfannstiel jun. hatte Glück; es gab noch einen Platz in der Maschine nach Zürich. Er mußte ein Taxi zum Flugplatz nehmen, um sie zu erreichen. Idiotisch, dachte er, diese Herumfliegerei über drei Ecken. In Zürich bekam er Anschluß.

An der Endstation der Straßenbahn begann der einstündige Fußmarsch mit Rucksack und Einkaufstaschen. Sie schlossen sich einer Kolonne von Frauen an, die von Gärtnerei zu Gärtnerei wanderten. Hier gab es Kraut, dort Spinat, dort Kohlrüben und Salat, manchmal sogar Zwiebel. Hielten die Leute in der Gärtnerei gerade Frühstückspause, warteten die Frauen geduldig. Dennoch konnte es geschehen, daß sie trotz des weiten Weges, trotz des Wartens nichts mehr bekamen. Das Einkaufen war genauso ein Risiko wie das Brennholzholen. Drei Halbwüchsige hatten Paul Koch einmal den Kohlensack weggenommen. Es wäre sinnlos gewesen, sich mit ihnen zu prügeln, und er war froh, daß sie ihm den Rucksack ließen.

Auf dem Flughafen Zürich hetzte Robert Pfannstiel jun. noch in den Duty Free-Shop. Die Tabaksorte, die Paul Koch gerne rauchte, war bedauerlicherweise gerade nicht vorrätig. Er mußte eine andere nehmen und ärgerte sich. Als er endlich wieder in der Maschine saß, war er ein wenig außer Atem.

1945 rauchte Paul Koch englische Zigaretten, die er besser vertrug als das ungarische Zeug, das die Russen ins Land brachten. Während die Sieger in ihren Hauptstädten noch über die Abgrenzung der Besatzungszonen stritten, hatten sich die Leute, die Zigaretten importierten, längst über die Zoneneinteilung geeinigt. Amerikanische und englische Ware passierte die Demarkationslinien, bevor amerikanische und englische Soldaten sie noch überschreiten durften.

Einbeinige Kriegsversehrte verkauften die englischen Zigaretten. Auf ihre Krücken gestützt, standen sie in langer Reihe an einer Holzplanke, die eine Trümmerstätte im Stadtzentrum umgab. Wenn die Polizei eine Razzia auf Schleichhändler unternahm, waren die Einbeinigen bei etwaigen Fluchtversuchen zwar im Nachteil, doch moralisch hatten sie die Oberhand. Sie schlugen mit den Krücken auf die Polizisten los, und das Volk ergriff lautstark ihre Partei. Die Polizei gab die Razzien bald auf. Die Chesterfield- und die Players-Währung hatte sich durchgesetzt.

Den Tabak für Paul Koch, das Parfum für seine Mutter und den Whisky für seinen Vater hätte Robert Pfannstiel jun. daheim natürlich auch bekommen, doch es machte ihm Spaß, im Duty Free-Shop billiger zu kaufen.

Als Paul Koch im Herbst 1945 an der Philosophischen Fakultät inskribierte, um doch noch Germanistik zu studieren, fuhren einzelne Studentengruppen auf das Land hinaus, um bei den Bauern Kartoffeln, Kraut, Karotten, und gelegentlich auch einmal hausgemachte Würste für die Mensa der Universität zu ergattern.

Paul Koch fand damals nicht die Zeit, mitzufahren. Er versuchte, neben dem Studium eine Küchenherd-Fabrikation in Gang zu bringen (er versuchte, neben der Küchenherd-Fabrikation ein Studium in Gang zu bringen).

Als Paul Koch sein Studium im Interesse einer forcierten Küchenherd-Produktion längst aufgegeben hatte, fuhren einzelne Studentengruppen immer noch zu den Bauern, obwohl es Kartoffeln, Kraut, Karotten und Würste aller Art, einschließlich ungarischer Salami, bei jedem Greißler gab. Außerdem Schweizer Schokolade, Bornholmer Räucherlachs, frische Hawaii-Ananas und eingelegte Mangofrüchte. Die meisten Greißler nannten ihre Läden jetzt Supermärkte.

Zwischen 1950 und 1953 pflegte man den Kindern, denen das Essen nicht schmeckte, zu sagen: »Denkt an die armen Kinder in Korea.« Pfannstiels hatten damals einen kleinen Hund, und wenn er sein Fressen stehenließ, sagte der kleine Robert Pfannstiel jun.: »Denk an die armen Hunde in Korea.«

Diese Ermahnung hörten im weiteren Verlauf des Dreißigjährigen Friedens, entsprechend abgewandelt, noch viele Kinder.

»Denkt an die armen Kinder in Biafra.«

In Bangla Desh.

In Vietnam.

Viele Eltern sagten nur: »Als wir so alt waren wie ihr, da wären wir froh gewesen, wenn wir ein Stück Brot gehabt hätten.«

Die Studenten, die noch zu den Bauern fuhren, als es längst alles beim Greißler gab, und die Leute, die verlassene Bauernhöfe kauften und begannen, rustikale Parties zu veranstalten, flüchteten aus der Materialschlacht des Massenkonsums zu den angeblich unverbildeten Menschen auf das Land. Sie suchten einen Weg zurück in das einfach-sinnvolle Leben.

Damals stand Robert Pfannstiel jun. schon vor der Matura. Er wollte Soziologie studieren und mit aufs Land fahren, doch Paul Koch bestand darauf, daß er an der Hochschule für Welthandel immatrikulierte. Als einzige Alternative hätte er, dem Betrieb zuliebe, ein Studium an der Technischen Hochschule gelten lassen. Gerda Pfannstiel und ihr Mann waren mit Paul Koch einer Meinung.

Lange Zeit verabscheute Robert Pfannstiel jun. sie alle drei, seine Mutter und seine beiden Väter. Paul Koch hatte offensichtlich nichts anderes im Sinn, als den Absatz von Küchenherden – es gab jetzt auch einen neuen Produktionszweig, Elektroherde – zu heben.

Robert Pfannstiel jun. verstand nicht, daß Paul Koch keine Lust verspürte, jemals wieder mit dem Rucksack auf dem Rükken und einem Kohlensack auf den Schultern quer durch die halbe Stadt um Brennholz zu wandern; daß Gerda Pfannstiel keine Lust verspürte, jemals wieder knapp nach fünf Uhr früh mit der ersten Straßenbahn zu den Gärtnereien am Stadtrand zu pilgern; daß der ehemalige Oberleutnant Robert Pfannstiel sen. nie wieder in einem sowjetischen Kriegsgefangenenlazarett Machorka rauchen wollte. Sie wollten Robert Pfannstiel jun. ihr eigenes Schicksal ersparen.

Am Abend vor seinem dreißigsten Geburtstag kam Robert Pfannstiel jun. vier Stunden nach dem Abflug aus Zagreb daheim in seiner Wohnung an. Seine Freundin, die mit dieser verfrühten Rückkehr nicht gerechnet hatte, war telefonisch nicht zu erreichen, was ihn nicht besonders störte, denn er fühlte sich wie gerädert. Die Sitze in den Maschinen waren eng und unbequem, man sollte wirklich nur First Class fliegen, dachte Robert Pfannstiel jun. In der Ersten Klasse reist man bequemer, und außerdem ist der Champagner im Flugpreis inbegriffen.

Paul Koch rauchte seine Pfeife (englischer Tabak aus dem Duty Free-Shop), nahm Robert Pfannstiels Reisebericht zur Kenntnis und überflog dann erst die Zahlungsbedingungen im Vertragstext. »Tausend Elektroherde entsprechen einer Monatsproduktion«, sagte er, »das könnte uns jetzt helfen, wir haben da nämlich ein paar Schwierigkeiten.«

Echte Schwierigkeiten hatte Robert Pfannstiel jun. bisher nicht kennengelernt. Deshalb traf es ihn wie der sprichwörtliche Blitz aus heiterem Himmel, als Paul Koch sagte: »Ich war gestern bei der Bank. Sie wollen den Kredit nicht verlängern. Was das bedeutet, kannst du dir ausrechnen.«

(Der Produktivitätsindex der österreichischen Industrie war von 1950 bis 1973 von 91,8 auf 171,9 gestiegen. In diesem knappen Vierteljahrhundert kletterte das Volkseinkommen von 41,6 auf 413,3 Milliarden.)

Während das Volkseinkommen gestiegen war und die Firma zu florieren begann, hatte Paul Koch versucht, sein Studium zu beenden. Dissertationsthema: August von Kotzebue, Theaterdichter und Zeitungsschreiber aus Weimar, in russischen Diensten, ermordet 1819 in Mannheim von Karl Ludwig Sand, einem jener fanatisierten deutschnationalen Studenten, die Kotzebue in seinen Publikationen verhöhnt hatte. Koch erinnerte sich, wie sein Deutschprofessor, der mit starkem böhmischen Akzent gesprochen und eine Romantrilogie über die Goten geschrieben hatte, Karl Ludwig Sand im Unterricht als patriotischen Helden feierte. Damals hatte er sich geschworen, später einmal Kotzebue als Helden zu feiern, doch nach 1945 verlor er allmählich das Interesse an August von Kotzebue. Man brauchte jetzt keine Zivilcourage mehr, um für Kotzebue einzutreten. Ludwig Sand und all die anderen deutschnationalen Fanatiker aus eineinhalb Jahrhunderten waren passé. 1948 gab Paul Koch endgültig die Arbeit an seiner Dissertation auf, aber nicht nur, wie Robert Pfannstiel jun. vielleicht glaubte, wegen der Küchenherde.

(1948 hatte die österreichische Industrieproduktion wieder das Niveau von 1937 erreicht. Der Lebensmittelkonsum allerdings hielt noch bei 85 Prozent, die Erzeugung von Gebrauchsgegenständen sogar erst bei 70 Prozent von 1937.)

Aus dem Jahr 1937 stammte der dunkelblaue Anzug, den Paul Koch trug, als er zum erstenmal mit Gerda Pfannstiel, deren Mann noch immer vermißt war, ausging. Den Anzug hatte er für die erste Tanzstunde bekommen; glücklicherweise war Paul Koch seither nicht mehr gewachsen. Gerda Pfannstiels Kleid war aus einem gelben Vorhang. Der Schneidermeister, bei dem Paul Koch Brennholz holte, hatte es genäht.

Sie gingen in eine Tanzschule. Dort war jeden Samstag von 19 bis 22 Uhr Perfektion. Der Klavierspieler hatte sich durch Beziehungen die Noten der neuesten amerikanischen Schlager beschafft.

Gerda Pfannstiel verbrachte viel Zeit damit, ihren Mann zu suchen. Es gab jetzt Organisationen, die die Namen der Vermißten sammelten. Gerda Pfannstiel ging zu jeder einzelnen Stelle und füllte Fragebogen aus. Zeitungen veröffentlichten Fotos von Vermißten, Gerda Pfannstiel schickte Fotos ein. Viele Leute klebten die Bilder von Vermißten, Vätern, Brüdern, Söhnen, an Plakatwände, Hausmauern und Alleebäume in Parkanlagen. Heimkehrer und entlassene Kriegsgefangene blieben stehen. Manchmal erkannte einer ein Bild und schrieb an die Adresse, die darunter stand. Gerda Pfannstiel klebte Bilder an Plakatwände, Hausmauern und Alleebäume in Parkanlagen. Niemand schrieb ihr. Im Herbst 1945, nachdem sie zum erstenmal in dem neuen Kleid tanzen gewesen war, schlief Gerda Pfannstiel auch zum erstenmal mit Paul Koch.

Nach den Wurstknödeln, damals, im Mai 1945, spülte Gerda Pfannstiels Mutter das Geschirr. Der Säugling schrie. Gerda Pfannstiel stillte das Kind; glücklicherweise hatte sie Milch. Dann saßen sie noch beisammen.

Was er nun anfangen würde, fragte Gerda Pfannstiel.

Studieren, sagte Paul Koch, sobald die Universität wieder den Betrieb aufnehmen würde.

Und bis dahin?

Arbeiten. Irgendwas. Vielleicht in seiner alten Fabrik. Er wollte ohnehin in den nächsten Tagen einmal hin. Und sie?

Ja, das wollte sie auch; einmal in ihrem früheren Betrieb nachfragen. Und Englisch lernen. Es war gut, wenn man Sprachen konnte.

Er verstand Englisch, sogar recht gut. Während des Krieges hatte er nie die Hoffnung aufgegeben, vielleicht doch rauszukommen. Als Auswanderer mußte man Englisch können.

Ob er noch immer ans Auswandern dachte?

Auswandern? Nein, jetzt nicht mehr. Jetzt war das doch nicht mehr nötig.

Sie war ein wenig überrascht. Er hätte doch sicherlich Gelegenheit dazu. Sie, sie würde sofort weg, wenn sie könnte. Heraus aus diesem ganzen Jammer, aus diesen Trümmern. Aber mit dem Kind hatte sie wohl keine Chance. Sie mußte in dieser Ruinenstadt, in diesem Ruinenland bleiben. Wie es jemals anders werden sollte, besser, das vermochte sie sich in diesen Maitagen des Jahres 1945 noch nicht vorzustellen. Ob es überhaupt jemand gäbe, der sich das vorstellen könne, fragte sie.

(Auszug aus dem Stichwörterbuch der Zeit: »George Carlett Marshall, 1880–1959, amerikanischer General und Staatsmann, Friedensnobelpreisträger 1953, während des Zweiten Weltkrieges US-Generalstabschef, dann Außenminister, Schöpfer des nach ihm benannten Marshall-Plans. Im Rahmen dieses Auslandshilfe-Programms stellten die Vereinigten Staaten von 1948 bis 1951 für den Wiederaufbau in Europa 13 Milliarden Dollar zur Verfügung, nachdem schon von 1945 bis 1947 amerikanische Wirtschaftshilfe für 11,4 Milliarden Dollar den ehemals kriegführenden Staaten, Siegern und Besiegten, zugeflossen war.«)

Nein, sagte Paul Koch, vorstellen könne er sich's auch nicht, aber tun müsse man doch etwas. Man will doch leben, sagte er. Man muß doch leben, sagte er.

Gleich am nächsten Morgen bat er den Fleischer um den Handwagen und marschierte hinaus an den Stadtrand, zu der Fabrik. Er nahm den Jungen von nebenan mit, den, der immer auf den Fliegeralarm gehofft hatte, der mit ihm Holz aus der Ruine geholt hatte, in den Kellertagen, der immer noch Pilot werden wollte. Der Junge half Paul Koch, den Handwagen zu ziehen, und außerdem war es ja bekannt, daß die Besatzungssoldaten Kindern nichts taten.

Drei Herde standen noch draußen in der Fabrik, hinter dem Abfallhaufen. Dort hatte sie wohl niemand von den Leuten bemerkt, die sich hier umgesehen hatten, ob es etwas gab, was des Mitnehmens wert wäre.

Zwei von den Herden lud Paul Koch mit Hilfe des Jungen auf den Handwagen. Den dritten versteckte er wieder unter dem Abfall, um ihn später zu holen. Bedenken hatte Paul Koch nicht, denn der ursprüngliche Eigentümer der Fabrik (= Jude) hatte sich noch nicht gemeldet, und niemand wußte, wo er war. Der spätere Besitzer (= Arisierer) hatte sich auch noch nicht gemeldet, und auch von ihm wußte niemand, wo er war.

Der Fleischer bezahlte mit Speck, Wurst, Schmalz und Zigaretten. Eine halbe Stange Wurst gab Paul Koch dem Jungen, dazu die Hälfte der Zigaretten für den Vater. Unterwegs waren sie von etwa einem Dutzend Leuten angehalten und gefragt worden, ob die Küchenherde verkäuflich wären. Daran dachte Koch, als er noch am selben Abend den alten Werkmeister aus der Fabrik besuchte.

Er schenkte ihm die restlichen Zigaretten und erzählte, daß Blech für die Produktion von etwa hundert Küchenherden in der Fabrik vorrätig sei.

Der alte Werkmeister fand ebenso wie Paul Koch, daß es schade wäre, die noch vorhandenen Bleche verrosten zu lassen. Zu zweit konnten sie eine der Blechpressen wieder in Betrieb setzen. Der alte Werkmeister kannte einen Schamottemaurer, mit dem wollte er reden. Ein Mann genügte, um die Herde auszumauern. Zehn Stück pro Woche. Der alte Werkmeister berechnete den Ertrag in Speck, Wurst und Zigaretten.

(Die Lebensmittelpreise auf dem Schwarzen Markt erreichten 1946 das Achtzigfache der offiziellen Preise. 1948 kostete Schwarzmarktware immer noch das Dreifache. In diesem Jahr 1948 lag das Volkseinkommen pro Kopf der Bevölkerung, in Österreich ebenso wie in den westlichen Besatzungszonen Deutschlands, noch immer zwanzig Prozent unter dem Vorkriegswert.)

Mindestens zwei Stück pro Tag müßten sie schaffen, meinte Paul Koch. Es dauerte eine Woche, bis Paul Koch den Stempel für das Schriftstück ergatterte, das ihn als Öffentlichen Verwalter des Betriebes auswies. Weitere vier Tage stand er Schlange in der sowjetischen Stadtkommandantur, vor jener Tür, hinter der die Bitten um Stromzuteilung erfüllt wurden.

Mit dem Erlös des noch vorhandenen dritten Küchenherdes bewog er einen Elektriker, die zerstörten Leitungen zu flicken. Der Elektriker besorgte Kupferdraht von einer noch nicht wieder reparierten Oberleitung der Straßenbahn.

Dann fragte Paul Koch Gerda Pfannstiel, ob sie die Schreibarbeiten übernehmen wolle. Aushilfsweise.

Die Gründung der späteren Firma Paul Koch Ges. m.b.H. & Co. KG wurde mit einer Flasche amerikanischem Whisky gefeiert. Teilnehmer an der Feier waren Paul Koch, der alte Werkmeister und Gerda Pfannstiel samt Mutter. Ernst Koch weigerte sich, mitzumachen. Schon die Idee mit dem Germanistikstudium hatte er für Blödsinn gehalten, denn sein Sohn – davon hatte er oft geträumt – sollte in die Bank eintreten. Er selbst war zu alt, um noch einmal an seinen Schreibtisch zurückzukehren. Dem Sohn aber, das hatte man ihm erst vor einigen Tagen versichert, dem Sohn würden alle Türen offenstehen. Es wird uns eine Ehre sein, Herr Prokurist, hatten sie in der Bank gesagt. Sollten er und seine Frau diese schrecklichen Jahre durchgehalten haben, nur damit der Sohn jetzt in einen Schlosseranzug schlüpfte und Küchenherde erzeugte, mit einem alten Nazi (dem Werkmeister) und der Frau eines Nazioffiziers (Gerda Pfannstiel) als Kompagnons? Der ehemalige Bankprokurist Ernst Koch war nicht rachsüchtig, er begriff nur nicht, und sein Sohn verstand den Vater und dessen Pläne auch nicht.

Robert Pfannstiel jun. und seine Altersgenossen fanden später nichts Rühmenswertes daran, daß die Väter den selbstfabrizierten Dreck weggeräumt hatten.

Paul Koch hatte nicht das Gefühl, mitverantwortlich für diesen Dreck zu sein, der sich überall zu Bergen türmte. Er hatte nur keine Lust, im Mist zu versinken, und da er nicht sicher war, wann – und ob überhaupt – jemand kommen würde, um ihn herauszuziehen, beschloß er, zunächst einmal sich selbst beim Schopf zu packen.

Münchhausen. Eine Nation von Münchhausen.

Der Fleischer war der erste in der Gegend, der sein bombenbeschädigtes Haus wieder aufzubauen begann. Als Fleischer bekam er sehr schnell Arbeitskräfte und Baumaterial. Er hatte es leicht, meinten die Leute. Auch der Schneidermeister war schon dabei, an Stelle des zerstörten Hinterhauses eine Werkstätte zu errichten, vorderhand im Erdgeschoß. Auch er hatte es leicht, meinten die Leute.

Die Leute hatten es, zugegeben, viel schwerer, aber sie versuchten trotzdem, das Naheliegende zu tun. Da sie nicht in Wohnungen ohne Fenster hausen wollten, nagelten sie Holz oder Pappe in die Fensterrahmen, solange es kein Glas gab. Sie schafften den Schutt vor dem Haustor weg, weil er im Weg war. Und sie dachten nach, woher sie Rohre für die kaputte Wasserleitung bekommen konnten.

Die Leute fühlten sich nicht als Helden. Damals nicht. Erst später flochten sie sich Lorbeerkränze. Woran sie damals glaubten, worauf sie warteten, was sie erhofften, alle diese Leute, das wußten sie nicht zu sagen. Es hat sie auch niemand gefragt. Jeder tat irgend etwas. Jeder wollte überleben. Weiterleben. Leben.

Den Whisky für die Gründungsfeier steuerte Paul Kochs Schulfreund bei, der nach drei Jahren Kriegsgefangenschaft aus Amerika zurückgekommen war. Er trug Teile amerikanischer Uniformen. In einem großen Seesack brachte er außer Whisky, Zigaretten und Konserven auch amerikanische Bücher mit: Hemingway, von dem Paul Koch bis dahin nur wenig, und John Dos Passos, von dem Paul Koch noch nie gehört hatte. Der Schulfreund sagte Car statt Auto, nannte einen guten Schluck einen Drink und begann, gleich nach seiner Heimkehr, Stories (= Geschichten) für Zeitungen zu schreiben. Außerdem gab er Englischstunden.

Der neue Bildungshunger in Sachen Fremdsprachen gab den Spaßmachern im Kabarett Anlaß zur Frage, woran man einen Optimisten von einem Pessimisten unterscheiden könne. Antwort: Der Optimist lernt Englisch, der Pessimist lernt Russisch.

Später hieß es, der Optimist lernt Russisch, der Pessimist lernt Chinesisch. Noch später erntete Robert Pfannstiel jun. bei seinem Besuch in Zagreb viele Lacher mit der jüngsten Variante: Der Optimist lernt Chinesisch, der Pessimist lernt Arabisch.

und Amerikanisch sprechen wollten. Vietnam hieß noch Indochina und war Angelegenheit der Franzosen. Boxweltmeister Joe Louis kam ohne Black-Power-Zeichen in den Ring. Die Care-Pakete, die gute Onkel und Tanten aus Amerika an die Neffen und Nichten im hungrigen Europa schickten, sorgten für das Image Amerikas, bevor das Wort Image noch geläufig war.

(Marshallplan-Lieferungen an die Bundesrepublik Deutschland: 1,36 Milliarden Dollar.)

Viele Leute trugen damals amerikanische Uniformen oder Kleidungsstücke, die amerikanischen Uniformen ähnlich sahen. Sie verteilten außer Care-Paketen, Whisky, Zigaretten und Konserven auch Bücher, Schallplatten, Filme, Magazine und Illustrierte. Einige veranstalteten Kunstausstellungen. Ausgestellt wurde, was zuvor »entartete Kunst« geheißen hatte: Picasso, Dali, Mirò, Chagall, Henry Moore, Feininger. Die einheimischen Museumsdirektoren erinnerten sich, daß sie in ihren Magazinen noch ähnlich Entartetes auf Lager hatten: Kandinsky, Paul Klee, Egon Schiele. Sie holten die Bilder hervor, staubten sie ab und stellten sie aus. Der Bildhauer Fritz Wotruba, der lediglich deshalb in die Schweiz gegangen war, um weiter entartet sein zu dürfen, kam zurück. Theaterdirektoren hielten Ausschau nach Dichtern: Elliot, Thornton Wilder, Eugene O'Neill, Tennessee Williams, John B. Priestley. Franzosen waren zwar auch sehr gefragt, doch nicht ganz so neu. So mancher deutsche Soldat hatte in Frankreich während der vier Besatzungsjahre kennengelernt, was ihm nach Wunsch der Reichsschrifttumskammer eigentlich hätte verborgen bleiben sollen: Jean-Paul Sartre, Jean Anouilh und andere. Da die Care-Pakete aus Amerika kamen, hatte die französische Literatur weniger Zulauf. Die Empfänger der kulturellen Hilfslieferungen aus den USA gingen, wenn sie nicht Kunstausstellungen besuchten, tanzen oder ins Kino. Die Lokale, in denen die Bands (= Kapellen) amerikanische Hits (= Schlager) spielten, waren überfüllt. Die Kinos, die amerikanische Filme spielten, waren auch überfüllt (John Wayne statt Hans Albers). Die Kinos spielten auch russische Filme, aber da war der Andrang nicht so groß. Willi Forst, der zuletzt in den Pausen zwischen den einzelnen Fliegerangriffen »Wiener Mädel« gedreht hatte, lernte bei seinem ersten Besuch in der Schweiz Elia Kazan kennen (»Die Faust im Nacken«). Er fand, daß auch er es nun anders machen müßte, und produzierte »Die Sünderin«. Doch die Altmeister des Films kamen nicht so recht mit, die Jungen, die sich nicht erst umzustellen brauchten, hatten es leichter. Langbeinig und langhaarig, blond, stieg Hildegard Knef (»Die Mörder sind unter uns«) über die Schutthalden der Zelluloid-Trümmerlandschaft, während einige Zeit verging, bis Marika Rökk wieder in Mode kam.

Die Kinos spielten auch noch dreißig Jahre später die neuesten amerikanischen Filme, aber Robert Pfannstiel jun. ging nur selten ins Kino. Ihm reichten die alten amerikanischen Filme, die über den Fernsehschirm flimmerten. Amerikanische Hits konnte Robert Pfannstiel jun. zu jeder Tages- und Nachtzeit im Radio hören, aber meistens drehte er gar nicht auf. Er wollte seine Ruhe.

Nicht alle Leute verschlangen John Dos Passos und Hemingway, aber sie verschlangen amerikanische Magazine und Illustrierte. Überhaupt war Gedrucktes stark gefragt, vielleicht als Ersatz für die mangelnden Kalorien. Auf den Schutthalden lagen auch Bücher, um die sich kaum jemand kümmerte: Ernst Kratzmann, Werner Bäumelburg, Erwin Guido Kolbenheyer. Die ursprünglich in den Bücherschränken dahinter versteckt gewesenen alten Ausgaben von Karl Kraus und Erich Kästner hingegen wanderten von Hand zu Hand. Aus den Schreibtischladen tauchten lange Zeit verborgen gewesene Manuskripte auf, während andere Manuskripte für die Schreibtischlade geschrieben wurden – die Autoren warteten noch auf ihre Entnazifizierung (Bruno Brehm, Mirko Jelusich).

Es gab plötzlich so viel, wovon man bis dahin nichts gesehen und nichts gehört hatte. Es gab jeden Tag irgend etwas Neues.

Wenn Paul Koch sich später erinnerte, fand er, daß es die spannendste Zeit seines Lebens gewesen war, dieser aufregende Sommer des Jahres 1945.

Im Spätsommer produzierte man bereits fünfzig Küchenherde pro Woche. Ende September nahm der Betrieb, zunächst mit zehn Stück pro Tag, die Erzeugung von Zimmeröfen auf. Paul Koch immatrikulierte an der philosophischen Fakultät der Universität, Studienrichtung Germanistik und Anglistik. Er bildete sich immer noch ein, daß Küchenherde und Zimmeröfen ihn nur vorübergehend beschäftigen würden, bis die schwere Zeit überstanden war. Gerda Pfannstiel machte die Buchhaltung und erledigte die Korrespondenz. Das Kind gedieh. Nachts, wenn es schlief, lagen Paul Koch und Gerda Pfannstiel manchmal wach. Sie sprachen nicht. Trotzdem wußte er, woran sie dachte, denn er dachte dasselbe: Was würde geschehen, wenn der vermißte Oberleutnant Robert Pfannstiel zurückkommen sollte?

Robert Pfannstiel jun. rief seinen Vater an und fragte, ob sie zusammen Mittagessen gehen könnten. Der Vater war überrascht. Sie würden einander doch ohnehin am Abend sehen, zur Geburtstagsfeier. Ja, sagte der Sohn, aber er hätte ihn gern schon vorher gesprochen, ohne die Mutter, und ohne Paul.

Robert Pfannstiel jun. hatte Paul Koch immer beim Vornamen genannt, soweit er sich zurückerinnern konnte. Darauf hatte Gerda Pfannstiel stets geachtet. Das Kind sollte nicht Vater zu Paul Koch sagen, auch nicht Onkel. Nichts schien ihr bitterer für das Kind einer Kriegswitwe, als von Onkeln umgeben zu sein. Dein Vater ist tot, wollte sie dem Kind später einmal sagen, sobald das Kind begreifen konnte, was das hieß: tot.

Sie trafen einander in einem kleinen Restaurant in der Nähe des Rathauses. Der Obermagistratsrat Dr. Robert Pfannstiel, stellvertretender Leiter der Rechtsabteilung der Stadtverwaltung, war dort Stammgast. Der Kellner brachte das Fleisch für den Einarmigen schon geschnitten; Pfannstiel sen. mußte es nicht erst so bestellen.

Was es denn eigentlich gäbe, fragte der Obermagistratsrat.

Schwierigkeiten, sagte Robert Pfannstiel jun., Schwierigkeiten mit der Bank, mit dem Kredit, den sie vor zwei Jahren für die neue Emaillieranlage aufgenommen hatten.

Na und? fragte der Obermagistratsrat. Die lief doch, die neue Anlage.

Ja, sagte Robert Pfannstiel jun., das schon. Aber nicht voll ausgelastet. Nein, sagte er, keine Fehlplanung. Damals, vor zwei Jahren, hatten sie das Emaillierwerk für die achtziger Jahre geplant. Wer ahnte denn damals, daß es eine Ölkrise geben würde? Und eine Rezession? Und beginnende Arbeitslosigkeit statt Überbeschäftigung? Man hatte doch am Ball bleiben und expandieren müssen. Wer nicht expandierte, der schrumpfte.

Der Obermagistratsrat aß mit ausgezeichnetem Appetit. Paul würde es schon schaffen, sagte er.

Ja, sagte Robert Pfannstiel jun. Paul, der Wiederaufbauzauberer. Paul, das 1945er-Genie. Paul hatte immer noch alles geschafft. Aber wenn das Emaillierwerk nicht ausgelastet war, dann konnten sie auch die Zinsen für den Bankkredit nicht aufbringen. Und wenn die Bank jetzt den Kredit kündigte, und das hatte sie vor, dann war überhaupt alles aus.

Aus? fragte der Obermagistratsrat. Was hieß das – aus?

Robert Pfannstiel jun. suchte nach Worten, aber er fand sie nicht. Aus, das war etwas, das er sich nicht vorstellen konnte. Er stocherte lustlos in seinem Essen herum.

Aus, fragte der Obermagistratsrat, ob das bedeutete, daß er dann verhungern müsse. Das ist das Bittere mit euch, sagte der Obermagistratsrat, ihr seid nicht belastbar.

Ihr, die Dreißigjährigen.

Weil ihr nie Sorgen gehabt habt, sagte der Obermagistratsrat. Weil ihr das Gefühl nie kennengelernt habt, es könnte auch anders sein, es könnte euch schlechtgehen. Weil es eure einzige Sorge war, vom VW auf den Mercedes umzusteigen, und von der Sozialwohnung in das Einfamilienhaus zu übersiedeln. Weil ihr immer mehr Butter auf das tägliche Brot bekommen habt, deshalb habt ihr euch nie gekümmert, woher das tägliche Brot kam. Und habt vergessen, daß der Mensch nicht nur vom Brot allein lebt.

(Semmelpreis in Österreich 1937: 7 Groschen.
Pro-Kopf-Durchschnittseinkommen des österreichischen Beschäftigten 1937: 186 Schilling = 2657 Semmeln.
Semmelpreis in Österreich 1974: 80 Groschen.
Pro-Kopf-Durchschnittseinkommen des Beschäftigten, brutto einschließlich aller Zulagen, 1974: 8600 Schilling = 10.750 Semmeln.)

Ja, das sagte der Obermagistratsrat Dr. Robert Pfannstiel zu seinem Sohn; er sagte es ganz ruhig, beinahe heiter, aß dabei mit bestem Appetit und bestellte hinterher noch eine Portion Apfelstrudel.

Du denkst wie Paul, sagte Robert Pfannstiel jun. zu seinem Vater. Du denkst wie Paul.

Paul Koch hatte immer wieder erklärt: Das Römische Recht ist schuld an allem. Wir haben uns nach 1945 einer Täuschung hingegeben. Wir hielten uns an den Satz: Was du hast, kann dir nicht genommen werden. Du und deine Altersgenossen, ihr habt ihn nie in Frage gestellt. Aber die ganz jungen Revolutionäre von heute zweifeln daran.

Auch sie hätten das alles in Frage gestellt, sagte Robert Pfannstiel jun. Damals (damals, sagte Robert Pfannstiel jun., nun gab es auch für ihn schon ein Damals!), damals, in seiner Cohn-Bendit-Zeit, als die Eltern und Paul Koch alles aufgeboten hatten, um ihm das Studium an der Hochschule für Welthandel schmackhaft zu machen. Weil er später den Betrieb übernehmen sollte. Küchenherde. Zimmeröfen. Mercedes statt VW. Einfamilienhaus statt Sozialwohnung.

Ja, sagte der Obermagistratsrat, das war unser Fehler.

Ja, hatte Paul Koch immer wieder erklärt, sie hatten diesen Fehler begangen, weil man ihnen genommen hatte. Damit den Kindern nicht genommen werde, damit den Söhnen und Töchtern nie wieder genommen werden könne, wie den Vätern und Müttern genommen worden war.

Die Söhne und Töchter haben nie kennengelernt, wie man erträgt, wenn genommen wird. Mangel an Belastbarkeit. Sie zerbrechen schnell, beim ersten Anstoß.

Sagte Paul Koch.

Sagte der Obermagistratsrat.

Belastet zu werden, das hatten sie gelernt.

Im Kino an der Ecke lief der Film »Der weite Weg« mit Hans Holt, Rudolf Prack, Maria Andergast: Ein Kriegsgefangener erschlug seinen Kameraden, den er für den Liebhaber seiner Frau gehalten hatte. Am selben Tag wurde der Name des Oberleutnants Robert Pfannstiel im Radio genannt; man verlas die Liste der Kriegsgefangenen, die mit dem nächsten Heimkehrertransport ankommen sollten. Bis dahin hatte Gerda Pfannstiel den Namen ihres Mannes in keiner Liste gefunden, weder gedruckt noch im Radio durchgegeben, weder beim Roten Kreuz noch sonstwo. Wenn Heimkehrertransporte eintrafen, dann wanderten lange Kolonnen von Frauen zum Bahnhof und hielten den Soldaten Fotos hin. Stumm. Sie mußten kein Wort sagen. Sie standen nur da, hielten die Fotos. Ein langes Spalier. Die Heimkehrer gingen das Spalier entlang. Die Frauen hängten sich ihnen an den Hals, die Mütter krallten sich in die zerschlissenen Uniformen, die Kinder hielten sich krampfhaft an den Händen der Väter fest.

(Noch Jahre nach dem Zusammenbruch des Dritten Reiches lebten rund drei Millionen Deutsche als Kriegsgefangene hinter Stacheldraht. Die letzten im Westen Inhaftierten wurden im Herbst 1948 von den Engländern entlassen. Aus dem Osten trafen die letzten Transporte um die Jahreswende 1955/56 ein.)

Die Heimkehrer sahen die Bilder an. Stumm. Nur ganz selten geschah es, daß einer stehenblieb, daß einer etwas sagte. Nur selten, ganz selten wußte einer etwas zu sagen. Und die Frauen mit den Bildern kamen wieder. Beim nächsten Transport. Und standen Spalier. Stumm. Auch Gerda Pfannstiel. Und jedesmal sagte sie dann zu Paul Koch: »Morgen kommen wieder welche.« Da wußte er, daß sie nicht im Büro sein würde.

Dann kam der Tag der Radiomeldung. Oberleutnant Robert Pfannstiel. Sie nahm das Kind, das noch keine zwei Jahre alt war. Sie wußte nicht, was sie ihm sagen sollte. Was begriff ein Kind? Sie nahm ihren Sohn und fuhr zum Bahnhof.

Was sie ihrem Mann sagen würde, hatte Paul Koch gefragt.

»Die Wahrheit«, hatte sie geantwortet.

Sie erkannte ihn sofort, von weitem schon, bevor er noch sie erkannt hatte. Ein Mann mit nur einem Arm, ein von Narben entstelltes Gesicht. Ein Mann, der sein Kind nie gesehen hatte und nur noch einen Arm besaß, um es hochzuheben. Ein Kind, das Angst vor einem fremden Mann mit häßlich entstelltem Gesicht hatte. Eine Frau, die ihrem Mann sagen mußte, daß sie zwei Jahre lang mit einem andern gelebt hatte. Ein Mann, der nichts wußte als: Zehntausende, Hunderttausende waren in Kriegsgefangenschaft. Zehntausende, Hunderttausende hatten Kinder daheim. Zehntausende waren vermißt. Und trotzdem warteten Zehntausende.

Gerda Pfannstiel hatte ihr Bett draußen, im Kinderzimmer, gemacht.

Er schlief allein im Zimmer. Sie schlief nicht, und er schlief auch nicht. Und am nächsten Morgen sagte er, daß er hinaufgehen würde zu Paul Koch, denn sie wohnten ja immer noch im selben Haus, und mit ihm reden würde. Ruhig und vernünftig, wie zivilisierte Männer miteinander reden.

Worüber eigentlich?

Sich bedanken, daß Paul Koch seiner Frau die Wurst gebracht hatte, damals, als sie mit dem Säugling aus dem Spital gekommen war und kein Mann sie erwartete?

Sollte er losschlagen mit der einen Hand, die er noch hatte, losschlagen auf den Menschen, der mit ihr geschlafen hatte, während er im Kriegsgefangenenlazarett gelegen war und nicht gewußt hatte, ob er jemals zurückkommen oder krepieren würde?

Den Mann niederprügeln, der mit einem Rucksack voll Brennholz und einem Kohlensack, auch voll Brennholz, quer durch die Stadt gewandert war, damit die Frau und das Kind nicht frieren mußten?

Diesem Menschen die eine Hand hinstrecken, um sich zu bedanken, daß sie noch lebte, und das Kind auch?

 Worüber reden?

Der Heimkehrer Robert Pfannstiel ging hinauf, klingelte an der Tür, und Paul Koch öffnete. Er hatte auf ihn gewartet. Sie gingen in Paul Kochs Zimmer, und es war grotesk, wie einer dem andern an der Zimmertür den Vortritt lassen wollte, und es war lächerlich, wie Paul Koch eine Schachtel Zigaretten auf den Tisch stellte, und nicht weniger lächerlich war es, wie Robert Pfannstiel mit einer Hand, der einen Hand, seine eigenen Zigaretten aus der Tasche holte, und wie er mit der einen Hand das Streichholz anzureißen versuchte, und wie Paul Koch ihm Feuer gab. Und schließlich saßen sie einander stumm gegenüber, und beide wußten, daß es viele Dinge gab, die gesagt werden mußten, und keiner wußte, wie er sie sagen sollte.

Daß er ausziehen werde, aus diesem Haus, sagte Paul Koch schließlich, als ob es damit getan wäre.

Gerda Pfannstiel erklärte später, daß sie selbstverständlich einen anderen Posten suchen würde, als ob es damit getan wäre. Daß sie sich natürlich auch scheiden lassen könnten, sagte Robert Pfannstiel sen. Sie sagte nein, sie wolle das nicht, nur wenn er es wünsche, dann natürlich, und die Schuld würde sie auf sich nehmen, natürlich, sie sei ja schließlich schuld.

Ein Mann mit nur einem Arm, ein Mann mit einem häßlichen, von Narben entstellten Gesicht, ein Mann in Lumpen, in der zerschlissenen Uniform des Heimkehrers, ein Mann ohne Beruf. Ein Nichts von einem Mann.

Nein, sagte sie, sie würde sich nicht scheiden lassen, wenn er sie behalten wollte, er war ihr Mann. Und da war das Kind.

Dem Kind würde schon nichts fehlen, sagte er, Arbeit würde er finden. Irgendeine Arbeit, stellungssuchende Kriegsversehrte würden sicherlich bevorzugt behandelt. Portier beispielsweise könne er werden. Er meinte es nicht ironisch, keine Selbstzerfleischung, kein Selbstmitleid, er meinte es ernst, sachlich. Am besten Nachtportier, da könne er studieren, natürlich würde er studieren, er dächte nicht daran, sich gehenzulassen, wie alt war er denn, nicht einmal dreißig, das Leben lag vor ihm, ein ganzes Leben, Jus würde er studieren, das ging am schnellsten, das konnte man aus Büchern lernen, dazu genügte ein Arm.

Volkswirtschaft, meinte Paul Koch, Volkswirtschaft sei vielleicht aussichtsreicher, der Betrieb könnte einen Wirtschaftsfachmann brauchen, sie hatten schon über hundert Beschäftigte, die Erzeugung von Elektroherden würde demnächst anlaufen. Nein, Jus, sagte der Heimkehrer. Jus interessierte ihn, wenn er schon nicht Pianist werden konnte.

Und plötzlich wurde ihnen bewußt, daß sie zu dritt waren. Das Kind spielte, es merkte nicht, daß irgend etwas Außergewöhnliches geschehen war. Ein Kind, das bis dahin keinen Vater gehabt hatte.

Die beiden Väter hatten Robert Pfannstiel jun. das neue Auto als Geburtstagsgeschenk vor die Haustür gestellt. Die Sache mit dem Kredit, sagte Paul Koch, würde er schon irgendwie schaffen. Der Obermagistratsrat Dr. Robert Pfannstiel meinte, daß sein Chef demnächst krankheitshalber in Pension gehen würde, dann stünde seiner Beförderung zum Leiter der Rechtsabteilung nichts mehr im Weg. Gerda Pfannstiel war beim Friseur gewesen; von Zeit zu Zeit brauchte sie eine Tönung wegen der vielen grauen Haare. Paul Koch hatte nicht geheiratet, seine Freundinnen wechselten häufig.

Die Narben im Gesicht des ehemaligen Oberleutnants waren nur für Fremde erschreckend. Und ob es sonst noch irgendwo Narben gab, darüber sprachen die drei nie. Seit einem Vierteljahrhundert nicht mehr.

Die Abendnachrichten beschäftigten sich mit Vietnam. Robert Pfannstiel jun. fand die Welt immer noch so beschissen wie am Morgen seines dreißigsten Geburtstags. Sein Leben allerdings fand er seit seiner Heimkehr aus Zagreb nicht mehr ganz so in Ordnung. Er blickte immer wieder seine beiden Väter an und seine Mutter. Er fragte sich zum ersten Mal, was er wohl tun würde, wenn ihr *Damals* einmal wiederkommen sollte.